数字人民币

陈耿宣　景欣　李红黎◎著

e-CNY

中国经济出版社
CHINA ECONOMIC PUBLISHING HOUSE
北 京

图书在版编目（CIP）数据

数字人民币 / 陈耿宣，景欣，李红黎著 .-- 北京 ：
中国经济出版社，2022. 10（2025. 7 重印）
ISBN 978-7-5136-0992-0

Ⅰ. ①数… Ⅱ. ①陈… ②景… ③李… Ⅲ. ①人民币
- 数字货币 Ⅳ. ① F713. 361. 3

中国版本图书馆 CIP 数据核字（2022）第 176447 号

责任编辑　耿　园
责任印制　李　伟
封面设计　久品轩

出版发行　中国经济出版社
印 刷 者　北京艾普海德印刷有限公司
经 销 者　各地新华书店
开　　本　880mm × 1230mm　1/32
印　　张　8.625
字　　数　224 千字
版　　次　2022 年 10 月第 1 次
印　　次　2025 年 7 月第 4 次
定　　价　58.00 元

中国经济出版社 **网址** www.economyph.com **社址** 北京市东城区安定门外大街 58 号 **邮编** 100011
本版图书如存在印装质量问题，请与本社销售中心联系调换（联系电话：010-57512564）

前　言 e-CNY

截至 2022 年 5 月，数字人民币（e-CNY）已在我国 15 个省市的 23 个地区开展了试点。App、智能手表、智能手套等都能付款，双离线、“碰一碰”也可完成支付。支付结算行业乃至整个金融业，都正在经历着一场渐进式变革。人们享受着金融创新带来的便利，开始接触到 DE/CP、数字钱包、NFC 支付等新名词，但五花八门的新型“数字人民币”骗局也令人防不胜防。面对日新月异的变革，好奇的人们不由得会问：什么是数字人民币？它到底有用吗？怎么用？数字人民币是“央行版的比特币”吗？它与微信支付、支付宝有何异同？社会公众该如何防假识骗？……

数字人民币时代就要来了，我们准备好了吗？社会各界无论是主动迎接变革，还是被动适应趋势，都迫切需要了解数字人民币的基本原理与发展前景，至少要掌握常识与使用技巧，能够识别各种各样的“套路”，谨防自己或亲朋好友上当受骗。同时，了解数字人民币在衣食住行、文化娱乐、公共服务等方面的应用，可以让这一金融科技创新更好地服务于日常生活。

本书为大家解读了数字人民币的概念与原理，以较大篇幅介绍了应用场景、申请流程、使用技巧、支付安全、隐私保护等重点内容；比较了数字人民币与国外法定数字货币的试点与方案；同时分析了数字人民币的社会治理、产业格局及未来趋势。本书图文并茂、深入浅出，可作为金融从业人员开展业务的参考书，也可作为社会各界了解与使用数字人民币的“说明书”。

为了做好这本前沿性和专业性兼具的应用型读物，保证书中内容准确且贴近现实生活，我们组建了一支基础过硬的编写团队，对中国人民银行等相关部门的文件、报告等各类资料进行详细梳理、全面解读。编写团队多次到中国工商银行、中国农业银行、中国银行等数字人民币运营机构实地调研，向数字人民币相关职能部门、一线客户经理请教；开展街头走访调研，与社区工作人员、企业职员、留学生等不同群体进行交流。另外，在成都唤醒与带动公益服务中心的支持下，我们还开展了多次数字人民币科普活动。在这些调研和科普活动中，编写团队更加清楚地了解到社会公众对数字人民币的认知、使用情况，以及大家在日常生活中的关心和疑惑之处。这些宝贵的一线调研成果，都在本书中有所体现，使得本书的内容更贴近读者所需。

数字人民币自 2019 年问世，刚过去 3 年左右时间，是名副其实的新兴事物。受事物发展的客观规律和笔者能力的主观因素制约，我们对其的认识肯定存在不足，需要随其发展不断更新。但同时我们也相信，本书能在数字人民币从诞生到普及的过程中，为广大读者带来有价值的内容。

背 景 篇

概 念 篇

应 用 篇

结 语

背景篇

第一章
从比特币说起

比特币的问世引发了数字货币的勃兴。然而，数字货币不仅经历了几番过山车般的市场行情，还不时爆出盗窃、黑客攻击等丑闻。各类负面事件引起了全世界货币当局与监管部门的关注，数字货币作为“冰山一角”，其背后的原理更值得探究。

第一节　疯狂的比特币

自 2009 年首枚比特币被“挖掘”出以后，收获了大批数字货币爱好者、投机者拥趸。他们形成了“币圈”，搭建了交易平台。比特币俨然已成为“币圈”人士的“数字黄金”，也引领了各类数字货币的发展。数字货币的兴衰反映了货币数字化的发展趋势，使得理论与实务界人士深刻反思货币的本质与属性，在货币上探索尝试运用新兴技术。

比特币之旅：从概念到现实

比特币从理论构想、崭露头角，到炙手可热、备受追捧，再到丑闻频发、风光不再，经历了多次大规模的涨跌行情。它已从令人疯狂的“神币”演变为“币圈”的投机品。“其兴也勃焉，其亡也忽焉”，其涨跌走势、演变历程值得回味。

2008 年至 2010 年：构想变现，技术极具吸引力

在国际金融危机中，货币超发、通货膨胀引发了广泛担忧，市场普遍希望优化货币发行机制。2008 年 11 月 1 日，中本聪率先发文提出比特币机制，认为可以用区块链构建的新型货币解决货币超发等问题[①]。2009 年 1 月 3 日，比特币的创世区块链诞生。当时比特币的市场价值仅为 0.003 美元，只得到了部分投资者关注[②]。

---

① NAKAMOTO S. Bitcoin: A Peer-to-Peer Electronic Cash System [Z/OL], [2022-07-21] . https://bitcoin.org/en/bitcoin-paper.

② 2009 年比特币发行价格是多少？比特币原始发行价介绍 [EB/OL]. 币圈子，[2020-07-10] . https://www.120btc.com/baike/btc/12271.html.

2011 年至 2015 年：迅速流行，引起监管注意

由于数量恒定、机制与技术新颖，国外一些人将比特币当作货币使用，更多的人将其作为投资品。比特币投资一时风靡全球，一跃成为“数字黄金”①。2013 年 12 月，比特币价格首超 1 盎司黄金价格，月均涨幅为 521%②。但到 2014 年 2 月，比特币价格迅速暴跌至 110 美元左右③。

这一时期，比特币也赢得了中国投资者的青睐，中国一度出现了“比特币中国”交易平台，国内“币圈”规模甚大。2014 年 1 月，国内比特币的市值曾高达 5032 元，却在同年 2 月下旬就下跌了 36.7%，降至 3185 元。此时，国内市场上初现比特币的投机交易迹象。中国人民银行等机构高度重视，发布了相关风险提示，明确否定了比特币具有货币属性。

2016 年至今：涨跌并存，投机属性强劲

业界认识到比特币的缺陷，一直在优化比特币的机制。2017 年 7 月，比特币原链创设比特现金，但它未取代比特币。2017 年

① 杨望，蒋宁 . 比特币成了“数字黄金”（经济透视）[EB/OL]. 人民网，[2017- 05-26] . http://world.people.com.cn/n1/2017/0526/c1002-29300637.html.

② 贾丽平 . 比特币的理论、实践与影响 [J]. 货币理论与实践，2013（12）.

③ Mt.Gox 平台比特币风暴再起　暴跌 50% 至 113 美元 [EB/OL]. 新浪网财经频道，[2014-02-21] . http://finance.sina.com.cn/money/lczx/20140221/ 093118289557. shtml.

12 月 17 日，比特币价格接近 2 万美元水平①，却在次年 11 月跌破 4000 美元②。这是新一波涨跌行情。2019 年 4 月，比特币价格再次突破 5000 美元③，5 月突破 8000 美元④，6 月 22 日突破 1 万美元，5 天后一度接近 1.4 万美元⑤。其间经历了几番涨跌互现的波动。2020 年 2 月，比特币价格再度突破 1 万美元，当年 12 月 27 日报价为 28273.06 美元。2021 年 1 月初，比特币价格涨至 4 万美元，2 月中旬首度突破 5 万美元大关⑥。但在 2021 年 5 月，比特币价格跌破 3.5 万美元⑦。纵观这 6 年的市场行情，比特币因具有较高的价值、经常处于大涨大跌状态，容易让市场进行投机交易的特性，已成为一种投资标的。

---

① 图说比特币十年 100 个精彩的区块链瞬间 [EB/OL]. 链门户，[2018-10-31] . http://www.lianmenhu.com/blockchain-7339-79.

② 比特币跌破 4000 美元 创 424 天来最低点 [EB/OL]. 财新网，[2018-11-25] . https://finance.caixin.com/2018-11-25/101351665.html.

③ 比特币再次升破 5000 美元，发改委拟淘汰挖矿产业 [EB/OL]. 观察者网，[2019-04-19] . https://www.guancha.cn/internation/2019_04_09_496987.shtml.

④ 比特币站上 8000 美元！不足两个月价格已翻倍 [EB/OL]. 腾讯财经，[2019-05-14] . https://finance.qq.com/a/20190514/000502.htm.

⑤ 时隔 15 个月 比特币再度突破 1 万美元 [EB/OL]. 财新网，[2019-06-22] . https://finance.caixin.com/2019-06-22/101430254.html.

⑥ 走出低迷？比特币 5 月以来首次突破 5 万美元大关 [EB/OL]. 新浪财经，[2021-08-24] . https://finance.sina.com.cn/blockchain/coin/2021-08-24/doc-ikqciyzm3249514.shtml.

⑦ 比特币价格再度跌破 3.2 万美元 较今年最高价腰斩 [EB/OL]. 新浪科技，[2021-05-24] . https://finance.sina.com.cn/tech/2021-05-24/doc-ikmyaawc7166289.shtml.

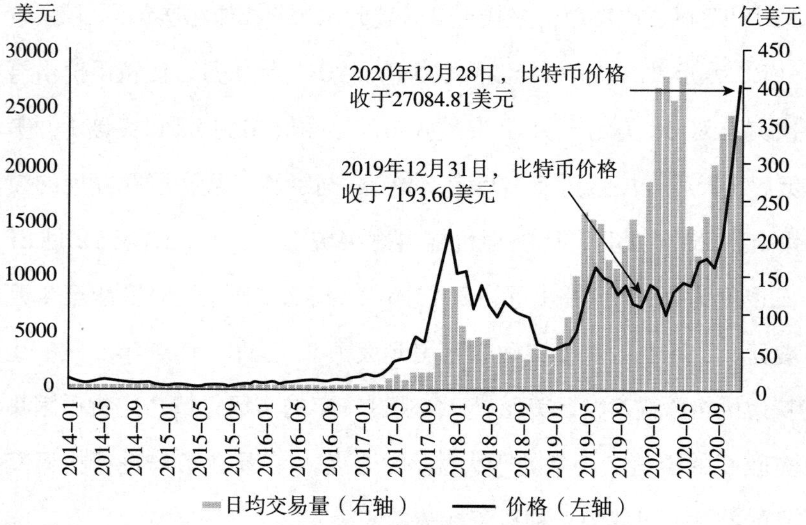

图 1.1　2014 年 1 月以来比特币价格及日均交易量

（资料来源：彻底炸锅！比特币突破 3 万美元大关，100 元狂赚 12 亿 [EB/OL]. 和讯网，[2021-01-03]．https://www.163.com/dy/article/FVDBI0EQ0519D4UH.html.）

高“烧”不退：风险与收益并存

比特币运用了区块链等新兴技术，极大地提升了支付、汇兑等效率，能够给企业、居民的业务或日常生活带来便利，萨尔瓦多政府甚至将其确立为本国的法定货币①。比特币的收发成本相当低，数秒内就能传输到任意网络联通之处，目前最低手续费约合

① 倪浩．萨尔瓦多使用比特币引发市场震荡 [N]. 环球时报，2021-09-09（11）.

0.4 分人民币。但传统跨国汇款需数日才能到账，手续费一般为汇款金额的 3%~10%。比特币的这一优势吸引了 Windows、戴尔（Dell）等企业接受比特币支付。比特币的勃兴也激发了市场主体的热情，五花八门的数字货币层出不穷。据不完全统计，有影响力的私人数字货币的市值已经超过 1.3 万亿美元①。

自 2009 年以来，比特币价格持续高“烧”不退，成为非常诱人的金融投资品。一方面，其所运用的新兴技术——分布式账本、智能合约、密码加密等使其更隐秘、更高效、更安全，各种技术迭代更新，不断弥补原有的缺陷。另一方面，比特币总量恒定为 2100 万个，部分国家政府也支持比特币交易，使其具备了投资品的特性，反过来推动了其交易价格的高涨。但与此同时，比特币是高风险高预期收益的虚拟资产，短期价格容易震荡波动，极易受到监管政策、网络设备、能源消耗等的影响。比特币等数字货币又具有隐匿性等特点，极易被洗钱、恐怖融资、暗网交易等违法犯罪活动利用。全球先后发生过多次比特币被盗窃等丑闻。2014 年，全球最大比特币交易所 Mt. Gox 失窃，85 万个比特币丢失，损失高达 4.60 亿美元②。

---

① CoinMarketCap 网站数据（截至 2021 年 7 月 15 日）。

② MCLANNAHAN B. Mt. Gox Files for Bankruptcy, Hit with Lawsuit [EB/OL], [2022-05-22]. https://www.reuters.com/article/us-bitcoin-mtgox-bankruptcy/mt-gox-files-for-bankruptcy-hit-with-lawsuit-idUSBREA1R0FX20140228.

承认还是禁止？审慎监管

比特币等数字货币引发了国际社会的广泛关注。国际组织注意到比特币、稳定币的潜在风险，先后发布了一些风险提示及政策指引。各国央行、监管部门对比特币的态度有所不同。

美国官方不承认比特币是货币。美国财政部 FinCEN 于 2013 年 3 月制定了有关虚拟货币交易的政策指引；商品期货交易委员会、证券交易委员会等机构制定了相关监管政策；纽约州则制定了虚拟货币监管条例。2013 年，泰国央行认定比特币交易为非法交易，泰国比特币交易公司在官网宣布停止比特币交易。

2013 年初，法国比特币交易平台“比特币中央”被法国政府批准，成为取得国际银行账号的准银行。德国财政部正式认可比特币为一种可被征税的“货币单位”和“私有财产”，德国成为世界上首个认可比特币合法地位的国家。然而，欧洲银行业监管局已敦促成员国监管当局阻止金融机构开展比特币等虚拟货币的相关交易[①]。

在我国，比特币等数字货币经历了由允许交易、限定交易到取缔交易的过程。根据 2016 年中国人民银行、工信部、银监会、

① European Banking Authority. EBA Opinion on 4 Virtual Currencies [EB/OL], [2022-06-22]. http://www.eba.europa.eu/documents/10180/657547/EBA-Op-2014-08+Opinion+on+Virtual+Currencies.pdf.

证监会和保监会联合发布的《关于防范比特币风险的通知》，比特币只是一种特定的虚拟商品，各金融机构和支付机构不得从事比特币相关交易和服务，比特币互联网站也应依法备案，依法实施用户注册管理等。可见，我国对比特币等数字货币的态度与对 QQ 币等的一致，仅限于虚拟交易。2018 年至 2020 年，中国人民银行等机构陆续出台相关监管措施，完全取缔了我国境内的比特币等数字货币交易。盛极一时的中国数字货币交易平台消亡，火币、币安、OKEx 等数字货币交易平台陆续退出中国境内市场，“币圈”人士要么转战境外，要么彻底退出。

值得注意的是，萨尔瓦多政府宣布，比特币与美元同为该国法定货币。萨尔瓦多成为世界上第一个将比特币视为法定货币的国家。2022年1月，该国所持的比特币资产遭受巨额亏损①，以至于国际货币基金组织（IMF）发出警告。

目前，比特币等数字货币风光不再，受到了金融监管部门的审慎监管。但受其启发，一些国家的央行、金融机构正在探索区块链技术的金融运用，试图优化货币属性。

---

① 萨尔瓦多作为全球首个将比特币作为法定货币的国家究竟是何方神圣[EB/OL]. 阿森侃文网易号，[2022-05-21] . https://www.163.com/dy/article/H7TBF1FK0536 UESH.html.

第二节　由表及里说数字货币

比特币等数字货币缘何受到人们追捧？原因在于其属性、功能神似货币。但数字货币“表里不一”：仅具备货币之表象，不具备货币的本质。

数字货币的代表：比特币与 Libra

提起数字货币，业界、社会公众首先会想到比特币，因此便会下意识认为数字货币源于比特币。其实，业界很早就开始探索数字货币，其中只有比特币最成功，很快便风靡全球、举世瞩目，成为数字货币发展史中的一座里程碑。

比特币的勃兴引起了“币圈”的兴趣，技术人士创建了各类数字货币。有数据表明，全球数字货币市场已有 1.4 万多种数字货币，总市值超过 2.4 万亿美元[①]。各类数字货币鱼龙混杂，有的昙花一现，有的经久不衰，也有的尚处于初创阶段。

数字货币大致可分为比特币、竞争币与数字资产币三类，或

① 「得得周报」全球数字货币总市值较上周下跌约 7.78%|11.22—11.28[EB/OL]. 快资讯，[2021-11-30] . https://www.360kuai.com/pc/96c47ead4db89fe75?cota=3&kuai_so=1&sign=360_7bc3b157.

者可分为比特币与类比特币、稳定币两类。

比特币在数字货币市场占据主导地位，是迄今为止最成功、最为市场广泛接受的数字货币，其货币符号被嵌入数字货币的通用标识。

“币圈”很多人仿照比特币技术，创造了大量竞争币。这类数字货币与比特币有类似的运作机制与功能，却局限于各区块链项目，价值与稳定性、实用性等均不如比特币，如泰达币（USDT）、瑞波币（XRP）等。

- 泰达币。与法定货币美元挂钩，1单位泰达币与1美元等值，波动性很小。它存在外汇储备账户，获得法定货币支持，其算法与运营均符合国际合规标准，可以避免比特币的诸多风险，却无法根除固有的安全风险。
- 瑞波币。世界上首个开放的去中心化平台币，通过向社区用户赠送、挖矿、批发或员工工资等方式运营，在P2P支付网络Ripple系统内通用，发行总量为1000亿枚。
- 莱特币（LTC）。发行8400万枚，目前已“挖矿”6370万枚，依靠专门的开源软件运营。
- 币安币（BNB）。由世界第三大数字货币场内交易所——币安交易所发行的平台代币，发行量为2亿枚，目前对外发售1亿枚。其价值基础为以太坊的去中心化数字资产，由币安平台收入、回购、销毁币安币，稳定性较比特币高。

- 柚子币。以商用分布式设计区块链操作系统（enterprise operation system，EOS）为框架搭建了区块链3.0平台，引入了代理权益证明（delegated proof of stake，DPoS）的共识机制，以超级节点保证运营稳定。社区用户享有投票权，但其中心化程度较高。

以上数字货币实现了技术迭代，弥补了比特币的缺陷，成为颇受“币圈”及相关社群欢迎的数字货币。

随着技术不断革新，一些大型科技平台也开始探索稳定币。最令人瞩目的就是Libra。2019年6月，脸书（Facebook）发布Libra白皮书，声称这种数字货币与一篮子法定货币挂钩，以Facebook的储备资产为支撑，目标是成为国际货币、全球性支付工具。该白皮书刚刚发布，便引起了美联储、欧洲央行等监管机构的关注，Facebook创始人扎克伯格出席了多次听证会回应质询。该方案多次受挫，白皮书不得不改版，声称将致力于在依法合规的条件下，改善跨境支付环境，为更多“草根”人群提供普惠金融服务。从已公布的第二版白皮书来看，Libra具有更优化的结算功能，在使用场景中，不用于计价，而主要用作跨境结算工具，旨在成为全球性支付工具，意欲服从各国金融监管。2020年12月，Libra更名为Diem，以1∶1的比率锚定美元，表示将更严格地遵守全球监管法规，具备全球包容性。无论是Libra、Libra 2.0，还是Diem，至今均未获得任何监管机构的认可，发行计划暂时被搁置。尽管 Libra（Diem）尚未问世，但它对法定数字货币、数字货币等影响甚大。

数字货币的本质：形似神不似

单单从数字货币的外观、功能与应用来看，数字货币似乎发挥了货币的作用，但我们需要透过技术应用的表象、结合货币的职能，分析其本质属性。

我们常见的 QQ 币、论坛币等数字货币都是虚拟货币，但都只是简单的代币。通常所谓的数字货币，规范名称是数字加密货币或加密货币，其表现形式与虚拟货币有一些共性，但运用了更先进的数字技术，可以使其超越虚拟空间而流通与应用。比特币也好，莱特币也罢，都具有以下共性：这类货币的发行、流通与使用不依托任何实物，以密码加密技术、网络 P2P 技术为基础，由计算机程序生成与运营。这些新兴技术优化了数字货币的性能，但只有结合货币的职能进行比较分析，才能判断数字货币是否属于货币。

马克思认为，货币本质上是充当一般等价物的工具，具有价值尺度、流通手段、支付工具、贮藏手段、世界货币的职能。

从比特币、稳定币的流通、应用等情况来看，数字货币似乎具备了货币的部分职能。数字货币通过“挖矿”等算法得到，“矿工”、程序员等主体投入了精力和时间，也耗费了一定的电力。所以，尽管比特币等数字货币不见实体，却具备一定的价值。

然而，这并不意味着它们能够成为价值尺度。货币之所以能够成为价值尺度，是因为其背后有绝对法定偿付效力支撑，这种效力来源于政府的支持，取决于一国的社会经济发展状况和综合国力；货币之所以能够履行价值尺度，是因为其安全性、稳定性、便捷性与普适性。数字货币是否符合这种要求，需要根据具体情况分析。比特币是技术精英的创造物，虽具备较高的安全性、便捷性，但却存在很多安全隐患；它的价值波动性远超实物货币，很容易成为市场投机对象。稳定币虽提升了安全性，可以避免被盗窃等风险，却仍无法避免意外事件的影响。2022 年 5 月，LUNA 币遭遇暴跌事件，在极短时间内变得几乎一文不值。这表明稳定币仍存在稳定性漏洞。

从流通范围来看，比特币的受众仍然很小，无法像实物货币那样广泛流通于经济社会的每个角落，其运作方式更像是一种金融投资品。各类稳定币的流通范围也受到限制。因此，比特币、竞争币、稳定币都缺乏实物货币的流通手段职能。

比特币可用于消费、债务、工资等的支付，其支付场景较其他数字货币更广，但也如大多数数字货币一样，仅在一定范围内被当作支付工具。

比特币、Libra（Diem）等大都被当作投资品，可以满足贮藏手段的职能。但是其价格极具波动性，无法像实物货币那般稳定，人们不可能将一种容易缩水的货币当作财富贮藏，因而其贮藏手段职能还是大打折扣的。

比特币、Libra（Diem）虽能跨越国界流通，但其世界货币职能无法与实物货币相比。

不仅如此，数字货币的运营态势暴露出无法根治的软肋——区块链“不可能三角”问题。也就是说，各类数字货币无法完全兼顾去中心化、安全和效率。比特币的最大缺陷是效率；Libra（Diem）的最大障碍是无法克服去中心化的难题；LUNA币暴跌事件说明即便是稳定币，也无法彻底解决安全问题。数字巨头、技术精英的信用无法比肩国家信用。

比特币等数字货币具备去中心化、社区信用、数量限制、不可逆性与高度匿名性，看似可以解决实物货币“不可能三角”问题（也称货币三元悖论，指“资本自由流动”“汇率稳定”“货币政策独立性”三个条件不能同时满足），却无法像实物货币那样发挥作用。因此，数字货币不能被认定为货币。

尽管如此，数字货币的试验使我们必须反思货币的本质、货币的职能等问题。如何积极回应数字金融发展趋势、利用新兴技术革新法定货币、引导和规制法定数字货币与数字货币……已成为新时代央行不得不认真对待的问题。

第三节　从货币史考察数字人民币

从实物货币到信用货币，再到法定数字货币，货币的形态在不断变化。纵观数千年的货币演变史，我们便会发现，货币既是商品交易的必然产物，也是人们主动选择的结果，其间也伴随着货币技术的变革。数字人民币也离不开商品交易、公众需求与技术迭代的驱动。

数字人民币是商品交易发展的产物

货币起源于商品交换，一般认为货币是商品交换的一般等价物。货币与商品交换之间是互相促进的，商品交换催生了货币，货币的出现又促进了商品交换的发展。伴随着商品交换的进一步发展，又出现了货币的更新换代。货币从以贝壳、贵金属为代表的实物货币到以纸币为代表的形式货币，从金本位、银本位、复本位到信用本位再到如今的法定数字货币，从根本上说都是商品交换不断升级，反过来推动货币发展的结果。

最早的人类部落采用的只是以物易物的交易方式。伴随生产力的增强，交易的需求开始增多，于是，寻找中介物作为交换媒介便成为必然。之后，在全球不同地区诞生了很多原始的货币，其中最具代表性的就是贝壳。因其光洁美丽，坚固耐磨，便于携带，又是天然成形，在世界很多地方都曾被当成货币使用。随着商品交换的扩大，诸如贝壳、盐币等自然货币，在流转和使用中都会遭受很大损耗，也并不适合长时间存储。于是贝壳等自然货币被铜贝取代。最后，在相近的历史时期，世界各大文明都不约而同地选择使用金、银等金属材质的货币。因为这类金属稀缺、不易腐坏、容易切割，是极佳的货币材质。于是，金属货币逐步在全球范围内流通。在数千年的人类文明史中，金币等铸币一直是最主要的货币。

工业科技的进步，带来了商业经济的发展，稀缺的金银已经无法满足商业的需求，于是人们开始寻求新的替代物，纸币作为一种信用货币登上历史舞台。在我国商品经济较为发达的宋代，官府就发行了纸质货币——交子。直到 17 世纪晚期，央行正式诞生，欧美国家才开始发行纸币。纸币全面取代金属货币则是 20 世纪的事情。20 世纪中期以来，货币不断向虚拟化演化，信用卡、借记卡、记账卡等交易工具出现，减少了对纸币和金属货币的使用，货币开始走向无实物的虚拟形式。数字货币的产生也是社会经济转型和以人工智能、大数据为代表的新经济形态发展的必然结果。

◆ 数字人民币是社会公众需求的产物

货币是人类为了提高经济效率而发明的交易媒介，任何社会力量都不能抵御其提高流通效率的本质要求。从自然货币到金属货币、信用货币，每一次货币形式的变化都是以提高流通效率为核心目标的。

2008 年，美国爆发的次贷危机演变为全球性金融危机，加上欧美国家周期性发作的金融危机，暴露出信用货币的诸多弊端。社会各界主张改革国际货币制度，实现经济民主与经济正义。

近些年，大数据、人工智能、区块链、虚拟技术快速发展，为货币的形式变化提供了技术上的可能。面对经济发展对货币流通效率提出的更高要求，数字货币应运而生。2008 年 11 月，中本聪设想了比特币的发行机制，提出去中心化架构、分布式账本、密码加密、区块链等技术，以使货币发行变得更加透明、更加公正。比特币的问世使这种设想变为现实。各国央行针对数字货币的崛起，采取了多项监管措施，并开始探索研发法定数字货币。数字人民币是中国人民银行多年研发的最新成果，将有助于优化人民币的发行与流通管理。

由此可见，货币经历了自然货币、金属货币、信用货币的发展历程。法定数字货币作为法定货币的新形态，仍然属于一种信用货币。国家信用是法定货币稳定的前提和基础。法定数字货币可以更好地适应数字经济发展，满足社会公众的需求。

数字人民币是货币技术迭代的产物

回顾货币的演变历程，技术迭代推动着货币形态的演变。每一次货币形态的演变，都伴随着重大的科技进步。金属冶炼、铸造技术的发展，使货币完成了由自然货币向金属货币的转换，金、银、铜、铁等金属货币出现和流通；纸币出现的首要因素是造纸术和印刷术效率的提高与技术的改进，这使得大量、低成本纸张制造以及初步防伪得以实现；计算机和网络技术的发展，使得电子支付成为可能并迅猛发展。如今，数字技术的逐渐成熟促进了数字人民币的创新，为其发展提供了更多技术备选项[①]。

① 零壹财经 . 数字人民币概述：属性、历程、动因及目标 [EB/OL]. 零壹智库 Pro，[2020-11-10] . https://www.01caijing.com/article/271174.htm.

第二章

数字法币诞生记[①]

随着数字货币的崛起，各国央行高度重视区块链等新兴技术的应用，试图运用新兴技术解决实物货币三元悖论，也解决数字货币区块链“不可能三角”问题。在比特币经历几番暴跌暴涨后，各国央行、监管机构开始探索数字法币的可行性。中国人民银行于 2014 年启动数字人民币的研发工作，可谓央行中的先行者。2019 年以前，除瑞典央行在研发电子克朗外，大多数发达经济体的央行对法定数字货币持谨慎态度。新兴市场经济体（emerging market economy，EME）央行则积极尝试，但有的国家因技术难题等遭遇失败。2019 年，随着中国人民银行宣布试运行 DE/CP，

① 在本书中，央行数字货币（CBDC）与法定数字货币是意思相同的两个说法。从严格意义上讲，法定数字货币的范围更广一些。但本书不做刻意区分，而会在相应处表明其特定含义。需要指出的是，本书也会用数字法币指代 CBDC 或法定数字货币。

欧美央行陆续发布数字美元、数字欧元、数字英镑等方案，各国央行掀起研发法定数字货币的热潮。国际清算银行（Bank for International Settlements，BIS）2021 年的调查显示，各国央行明显加快了法定数字货币的研发进度，90% 的受访央行参与了各类 CBDC 的研发与试点工作。全球有超过 2/3 的央行认为，它们将在中期或短期内发行零售型 CBDC[①]。

第一节 央行数字货币的原理与技术

从三份国际调查结果说开去

国际清算银行是一家促进各国中央银行合作的国际金融机构，是世界上历史最悠久的国际金融组织，2019 年其成员方已发展至 60 家中央银行或货币当局[②]。BIS 在比特币出现后，密切关注数字货币市场态势，研讨法定数字货币的技术架构与原理。2018

① KOSSE A，MATTEI I. Gaining Momentum – Results of the 2021 BIS Survey on Central Bank Digital Currencies [EB/OL]，[2022-06-29]. https://www.bis.org/publ/bppdf/bispap125.pdf.

② 国际清算银行 [EB/OL]. 中华人民共和国外交部网站，[2022-07-21]. https://www.fmprc.gov.cn/ web/wjb_673085/zzjg_673183/gjjjs_674249/gjzzyhygk_674253/gjqsyh_ 674479/gk_674481/.

年至今，BIS 发布了三份央行调查报告，内容主要涉及各经济体 CBDC 研发状况、推进因素及发行意图。各中央银行还被要求提供关于数字货币的法律框架以及对加密货币和稳定币使用情况的评估①。

这三份报告的题目耐人寻味。从 2018 年的“谨慎前行”，到 2020 年的“即将到来”，再到 2022 年的“蓄势待发”，用词的变动不仅意味着各国央行对 CBDC 态度的积极变化，也揭示了各国央行的研发进展与技术框架。

第一份报告调查了 63 家中央银行，结果显示，虽然参与调查的央行有 70% 表示正在参与（或将要参与）数字货币的研究，但这些研究几乎是概念性的，并且被调查的央行很少表示会在短期或中期发行数字货币。调查结果明确体现了各国央行对发行数字货币的谨慎态度②。

第二份报告调查了 66 家中央银行，从调查结果来看，越来越多的中央银行正在（或很快将）从事数字货币研发工作，数字货币正在从概念层面落到现实操作。此外，研究还发现新兴市场经济体的动机更强，发行数字货币的可能性更大③。

① 国际清算银行：关于中央银行数字货币的第三次调查 [EB/OL]. 世链财经，[2021-12-02] . https://www.shilian.com/redian/453198.html.

② 克里斯蒂安 · 巴隆提尼，亨利 · 霍尔顿，徐菁 . 谨慎前行：中央银行数字货币调查 [J]. 金融市场研究，2019，79（5）:114-124.

③ 国际清算银行：即将到来：央行数字货币后续调查报告 [EB/OL]. 凤凰新闻，[2020-02-05] . https://ishare.ifeng.com/c/s/7tn6Py3ieLr.

第三份报告调查了 81 家中央银行，调查结果显示，全球央行的央行数字货币开发显著加速。加快研发一个很重要的原因是新冠肺炎疫情。运用数字技术可以在紧急情况下获取中央银行的资金。将数字货币作为现金和现金的潜在补充，既能够保证公众的日常消费，还能够保证疫情背景下的社交距离。总的说来，越来越多的央行正处于探索数字货币的后期阶段①。

从三份国际调查可以发现，最初央行关注的是系统性影响，对数字货币呈现消极态度。但随着时间的推移，应对现金使用量下降的需要凸显出来，一些央行对发行 CBDC 的态度变得积极起来。态度变化的一个转折点是 Libra 方案的公布以及随之而来的政府监管部门的回应。另一个转折点就是新冠肺炎疫情的暴发。政府发现市场对非现金支付的需求激增。2019 年以来，DC/EP 测试、e-CNY 试点的成功，甚至让 BIS 等国际组织乐观地认为，中国人民银行很快将会发行数字人民币。

以欧洲央行为例。近年来，欧洲央行积极开展数字欧元的概念设计和实践探索。观察数字欧元的发展进程，可将其划分为“审慎保守”和“积极推进”两个阶段，欧洲央行的态度在此期间发生了明显转变。2016—2019 年，欧洲央行对数字欧元持谨慎保守的态度。之后，2020 年 10 月 2 日，欧洲央行发布了《数字欧元报告》，全面总结了欧洲央行迄今为止有关数字欧元发行工作的

① 国际清算银行：关于中央银行数字货币的第三次调查 [EB/OL]. 世链财经，[2021-12-02] . https://www.shilian.com/redian/453198.html.

整体计划、方案、功能、原则、要求、技术及后续工作的详细情况，进入了积极推进阶段。根据《欧洲联盟运作条约》第 127 条的规定，欧元体系应支持欧盟的总体经济政策，并为实现经济目标做出贡献。这就说明，数字欧元的发行肯定是有利于欧盟地区经济繁荣的。

央行数字货币的技术架构

CBDC 的设计方法在不同的国家是不同的，但可以提炼出主要的设计选择和不同维度。简而言之，可以用“CBDC 金字塔”（见图 2.1）的方法对不同国家的设计进行分类。“CBDC 金字塔”法是从消费者需求出发，权衡相关的技术设计，得出最终设计选择。设计选择方案形成了一个层次结构，其中较低的初始层表示提供给后续较高级别决策的设计决策范围。

第一个技术选择是基础性的架构设计，即决定中央银行和私人中介机构在 CBDC 中扮演的角色。根据扮演的角色不同，可以将 CBDC 分为四种：① 直接 CBDC：由央行运营的支付系统，提供零售服务。② 混合 CBDC：中介机构处理零售支付，但 CBDC 是对央行的直接债权。央行还保留所有交易的中央分类账，并运营备用技术基础设施，使其能够在中介机构倒闭时重新启动支付系统。③ 中介 CBDC：类似混合 CBDC 的架构，但中

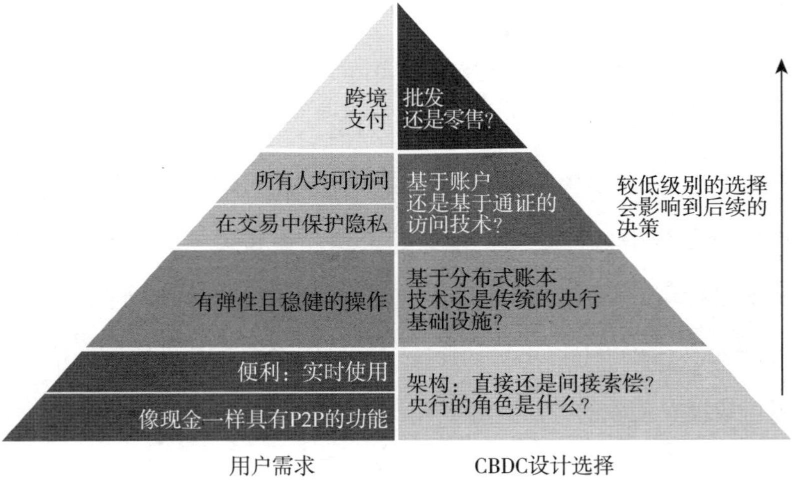

图 2.1　CBCD 金字塔

（资料来源：黄慧红 . 构建零售型 CBDC 的技术路径 | 数字货币与数字资产系列之二 [EB/OL]. 第一财经研究院，[2020-04-24].http://www.cbnri.org/news/5442838.html.）

央银行只维护一个批发分类账，而不是所有零售交易的中央分类账。同样，CBDC 是对央行的债权，私人中介机构执行支付。④ 间接或合成 CBDC：由类似狭义支付银行的中介机构运营的支付系统。消费者对这些中介机构有债权，这些中介机构经营所有的零售支付，需要完全支持对中央银行有债权的零售客户的所有债务[①]。

第二个技术选择与基础设施有关。可以基于传统的集中式数据

① AUER R, CORNELLI G, FROST J. Rise of the Central Bank Digital Currencies: Drivers, Approaches and Technologies [Z]. CEPR Discussion Papers 15363, 2020.

库，也可以基于分布式账本技术（distributed ledger technology，DLT）[①]。第三个技术选择是CBDC的准入问题。是基于银行账户的准入，还是以所谓的数字代币为准入基础。第四个技术选择涉及CBDC是零售型还是批发型。批发型CBDC的使用限于中央银行和金融机构之间，不面向公众。零售型CBDC也被称为一般目标型CBDC，其使用面向公众[②]，以及居民和非居民的使用准入。在已有的CBDC项目中，架构设计、基础设施、准入、零售或批发互联的方法多种多样[③]。

总而言之，CBDC的设计方案有多种选择，除了上述设计方案外，各领域还有许多服务特定问题研究的、更加精细的设计，如CBDC如何发放（通过购买债券还是直接发放）、CBDC账户是否可以透支、中央银行如何对CBDC进行管理（价格或数量）、应用程序接口的交互性问题等。这些设计方案并不是分散和独立的，中央银行在选择相应的技术架构之前，需要充分考虑一系列的设计组合，评估各架构对现有金融基础设施、市场主体及经济社会

① DLT是一种不依赖中央单一数据存储、依靠分布式的参与者共同维护的技术，允许不同位置的计算机通过网络以同步的方式提出、验证交易并更新记录。

② 央行数字货币的路径选择：批发型还是零售型？[EB/OL]. 梦舞清愁搜狐号，[2021-01-22]. https://www.sohu.com/a/446128452_120048898.

③ AUER R, CORNELLI G, FROST J. Rise of the Central Bank Digital Currencies: Drivers, Approaches and Technologies [Z]. CEPR Discussion Papers 15363, 2020.

的潜在影响[①]。

数字人民币与其他 CBDC

我国的数字人民币具有混合 CBDC 的特点。运用双层运营结构——由中国人民银行提供核心基础设施，而由商业银行、其他支付服务提供商和电信等中介机构为公众提供服务。其基础设施是传统数据库和分布式账本技术的混合系统，以平台化与分布式搭建数字人民币系统。考虑到区块链在处理大规模、高并发交易中存在低效的弊端，数字人民币系统并未运用区块链技术及其架构[②]。为了结算交易，任何系统都必须能够每秒处理 30 万笔交易（TPS），以适应中国的大型零售交易。中国人民银行不要求中介机构使用任何特定的基础设施或任何特定的技术途径。但是，对于交易记录和对账，可以使用分布式账本技术[③]。数字人民币的设计特点可见图 2.2。

① 刘凯，郭明旭 . 央行数字货币的发行动机、设计方案及其对中国的启示 [J]. 国际经济评论，2021（3）：137-154，7.

② 中国人民银行数字人民币研发工作组 . 中国数字人民币的研发进展白皮书 [EB/OL]. 中国政府网 ,[2021-07-16]:14.http://www.gov.cn/xinwen/ 2021-07/16/content_5625569.htm.

③ AUER R，CORNELLI G，FROST J. Rise of the Central Bank Digital Currencies: Drivers，Approaches and Technologies [Z]. CEPR Discussion Papers 15363，2020.

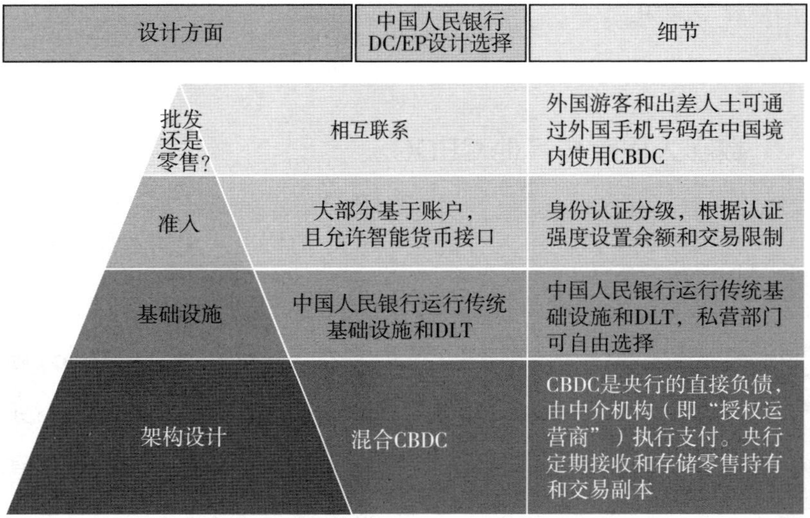

图 2.2　数字人民币设计特点

（资料来源：复旦发展研究院金融研究中心 . 金融学术前沿：从 DC/EP 扩大试点分析数字人民币发展前景 [EB/OL]. 复旦发展研究院，[2020-10-20].https://fddi.fudan.edu.cn/cd/c3/c18965a249283/page.htm.）

第二节　央行数字货币的国际进展

目前在央行数字货币领域取得实质进展的国家，主要动机各不相同。厄瓜多尔希望通过 CBDC 解决其复杂的经济政治问题，搭上“快车”，以改善国内的困境；加拿大考虑发行法定数字货币作为应急计划，以提升本国金融系统效率；瑞典将法定数字货币作为对现有支付系统的补充，应对现金需求下降；而我国推行数字人民币则是希望可以降低传统纸币的发行和流通成本，增强经济交易的便利性和透明度，同时助推人民币国际化。下面，我们将走进许多国家，探究它们发行 CBDC 的背后原因①。

发达经济体

美国

在数字货币发展初期，美国持较为谨慎的态度。2019 年 11 月 20 日，美国联邦储备委员会主席杰罗姆·鲍威尔（Jerome Powell）致信美国国会众议院金融服务委员会的两位成员，重申美国目前没有发行央行数字货币的计划和必要。但 2020 年 3 月 27 日美国就推了出 2.2 万亿美元刺激计划法案，提出要通过数字美元钱包向相关家庭直接发放现金补助，还给出了详细的数字美元设计。

2020 年以来，新冠病毒在全球大流行，世界经济陷入停滞。面对疫情危机，美国制定了相关紧急救济政策，决定直接向个人发放补贴款项，以抵消疫情期间的工资收入损失。在新冠肺炎疫情的冲击下，美国金融基础设施的不完善被放大。例如，美国政

① 复旦发展研究院金融研究中心 . 金融学术前沿：从 DC/EP 扩大试点分析数字人民币发展前景 [EB/OL]. 复旦发展研究院，[2020-10-20] . https://fddi.fudan.edu.cn/cd/c3/c18965a249283/page.htm.

府为民众提供经济补助通常通过邮寄支票的方式，需要投入大量的人力和物力，并且存在交付迟滞的现象，无法为弱势群体提供及时和必要的帮助。在这样的情况下，2020 年 3 月，美国国会在新冠肺炎疫情纾困刺激法案中，第一次提出美国中央银行数字货币——数字美元（Digital Dollar）。2020 年 10 月 19 日，美联储主席鲍威尔在 IMF 年会上表示，“美联储正致力于谨慎、认真、全面地评估央行数字货币对美国经济和支付系统带来的潜在成本和收益”，这是鲍威尔首次对央行数字货币表现出正面的态度[①]。其原因可能是，美国希望将数字美元作为“直升机撒钱工具”，试图通过快速的政府转移支付，修补家庭资产负债表，对抗新冠肺炎疫情的经济冲击。

当然，除了新冠肺炎疫情的刺激，还有其他事件的影响。在数字经济逐渐壮大、支付手段多元化的背景下，美国为了维持美元的国际地位，选择推出数字美元。这也是美国加强金融基础设施建设的手段，以确保美国继续领跑未来的全球经济发展。2022 年 4 月 26 日，美国参议院确认莱尔 · 布雷纳德（Lael Brainard）为美联储的下一任副主席。布雷纳德是公认的数字货币倡导者，她曾经表示：“美元在国际支付中占主导地位，如果世界上其他主要司法管辖区都有数字货币、CBDC 产品，而美国没有，我觉得

---

① 蒋梦莹 . 鲍威尔谈央行数字货币：对美国来说做对比做好第一件事更重要 [EB/OL]. 澎湃新闻，[2020-10-20].https://www.thepaper.cn/newsDetail_forward_9633012.

无法接受。”①

目前来看，数字人民币和数字美元有相同之处，也有不同的地方。先看相同点：两者都是由央行统一发行，是法定货币，是国家主权货币，有国家信用背书，服从经济金融运行的一般规律。另外，两者在运营机制上较为一致，均选择使用双层投放体系，由央行将数字货币分发给商业银行，商业银行一方面通过缴纳准备金获得数字货币，另一方面向公众提供数字货币相关的兑换和账户服务。这样既能有效巩固货币主权地位，也能充分发挥商业银行在运营方面的现有技术和人才优势，提高市场配置资源效率。再来看不同之处：两者在技术路线层面有所不同，主要体现在对区块链的运用方面。数字人民币仅将其作为可选方案，而《数字美元》白皮书则特别强调了其在数字美元方面的应用。此外，数字人民币旨在替代流通中的部分 M0，因此具有最高的流动性，明确不计利息，主要适用于小额高频的应用场景，在当前试点中也优先选择了交通、教育、医疗以及消费等与人们生活紧密相关的行业。而数字美元极为强调其在跨境支付方面的应用，一旦落地发行，将更加便利美元在国际的流通和转换，是对美元传统国际结算货币和储备货币地位的强化②。

① BRAINARD L. Private Money and Central Bank Money as Payments Go Digital - An Update on CBDCs [EB/OL], [2022-06-22]. https://www.bis.org/review/r210525a.pdf.

② 钟红，彭雅哲 . 美国央行数字货币发展态势 [J]. 中国金融，2021（9）：85-87.

尽管数字美元的研发进展滞后，但了解数字美元是有必要的。美联储作为全球最有影响力的中央银行，其推出的数字美元可能会对美元体系、央行数字货币的国际标准乃至全球货币格局产生深远影响，值得重点关注与深入研究。

瑞典

瑞典目前是北欧国家数字经济发展方面的先驱。瑞典中央银行正在研究的国家加密货币，称为电子克朗（e-Krona），是一种央行负债，具有法定货币的地位，一旦发行将引起中央银行资产负债表的变动。电子克朗可用于消费者、公司和政府机构之间的小额交易。瑞典如此积极研发数字货币的原因在于——人们使用现金的频率正迅速下降。

自 2008 年以来，瑞典流通中的现金数量下降了 50% 左右，目前已下降到 530 亿瑞典克朗。流通中的现金数量下降的原因并不在于获取现金的方式变得更加困难了。据调查，2016 年瑞典自动柜员机的数量与 2006 年持平，但公众选择从自动柜员机提取的金额却越来越少。因此，在瑞典，基础设施建设并没有阻碍公众获取现金。然而却有近 80% 的被调查者表示，他们很少或从未面临在商店用现金付款的情况。当越来越少的消费者选择现金支付时，继续接受现金支付就不再有利可图。有一半的零售商认为，他们最迟将在 2025 年停止接受现金作为支付手段，因为现金处理会增加贸易部门的成本；如果现金使用率继续下降，接受现金的成本最终会变得过于昂贵。

总而言之，瑞典的现金使用率近年来持续下降。而且，如果这种趋势主要是由于消费者和支付者对使用现金的兴趣下降，那么这一趋势就不会因为现金渠道的增加或不变而被打破。因此，简单地增加现金渠道并不能逆转瑞典现金使用率下降的趋势。基于此，瑞典迫切地需要一种由国家担保的无风险支付方式，并能在当前数字化支付的背景下被国民普遍接受，这就引出了电子克朗[①]。

新加坡

新加坡的数字货币 Ubin 项目是批发型数字货币的代表。截至 2021 年 11 月，Ubin 项目已完成五个阶段的试验工作，包括代币化新元、银行间支付和结算、跨境结算、跨币种结算等，并发布了相应的研究报告。Ubin 项目的试验将对各国央行数字货币的研究带来积极影响，并将加速跨币种央行数字货币项目的推进。

与瑞典不同，新加坡虽然也是一个金融业较为发达且金融创新水平较高的国家，但无现金支付程度并不高。有 76% 的受访者表示，相较于移动支付等，自己更倾向于使用现金、支票、卡支付等支付方式。此外，71% 的受访者表示自己在最近一段时间内仍使用过现金。在 2016 年、2019 年等年份中，新加坡的无现金

① 吴锴文，郭泰麟，闫君涛 . 案例分析 | 电子克朗 [EB/OL]. 人大金融科技研究所百家号，[2022-06-29] . https://baijiahao.baidu.com/s?id=1736957652195588329&wfr=spider&for=pc.

支付总量甚至出现负增长。由于境内的无现金支付以金融机构间的大额交易为主，且对外贸易较为频繁，新加坡将央行数字货币的研究重点放在了面向机构的批发型数字货币上，而非面向公众的零售型数字货币。

新加坡的数字货币有六个特点。① 数字化的支付：具有实时总结算功能的中央银行数字货币；② 分散化处理：分布式和弹性的基础设施，没有单点故障；③ 支付队列处理：统一的队列系统，具有优先级、保留和取消设施等功能；④ 交易的隐私性：只有相关方才能看到交易细节；⑤ 清算的定论性：最终的、不可撤销的支付指令的结算，具有决定性的最终性；⑥ 流动性优化：实施联网和拥堵解决算法，以最大限度地提高流动效率。

新加坡的数字货币为其他国家在批发型央行数字货币方面的研究提供了范本，并成功加速了 Partior——由星展银行、摩根大通和淡马锡联合建立的基于区块链的银行间清算和结算网络——的发展。该项目的成果使银行能够使用商业银行数字货币或批发型 CBDC 实现跨币种实时结算跨境支付[①]。

加拿大

加拿大的数字货币项目名为“Jasper”，目标也是创设批发型数字法币。虽然加拿大现行的大额支付系统能有效避免使用支票

① 封思贤，杨靖. 法定数字货币运行的国际实践及启示 [J]. 改革，2020（5）：68-79.

进行结算的诸多弊端，但在进行银行间批发交易时，依然需要提供全额或部分抵押。因此，加拿大希望通过研发法定数字货币，来构建新的批发支付系统，以减少抵押品需求，从而提高银行间支付结算效率和金融系统运行效率。

Jasper 项目实验分为三个阶段：第一阶段，构建区块链原型和概念验证的批发支付系统，以研究央行数字收据在银行间同业结算中的使用情况，实现模拟资金转账。第二阶段，加拿大央行使用开源分布式记账平台，在分布式账本上发行等量的数字资产，即 CAD-coin。参与银行将现金抵押品保存到由加拿大央行持有的特殊账户中，央行随即将相等价值的央行数字货币 CAD-coin 发送到参与银行的分布式账户上，不同银行间使用 CAD-coin 进行交易和结算。第三阶段，加拿大央行基于分布式记账技术，构建一个新的证券支付结算一体化平台，证明使用分布式记账技术进行证券清算和结算的可行性，发现将现金或其他象征性资产（如证券）与分布式账本系统相结合的优势。总体上，第一阶段和第二阶段重点研究运用分布式账本技术进行银行间大额现金支付、清算和结算的可行性；第三阶段则探索一个全新的证券支付结算一体化平台，验证使用区块链技术进行自动和即时证券结算的可行性①。

① 封思贤，杨靖．法定数字货币运行的国际实践及启示 [J]. 改革，2020（5）：68-79.

英国

英国法定数字货币的原型是 RSCoin 系统，主要使用了分布式记账方法和中心化的货币管理模式，由中央银行对数字货币的发行进行控制，并在系统中实现数字货币的自由兑换。这一数字货币使用了分布式记账的方法，保证了数据不容易被修改；仍然采用了传统的中心化管理模式，让数字货币系统的处理变得较为复杂，可能会影响到整个系统的运行效率①。

2021 年 4 月 19 日，英国财政大臣苏纳克在一个金融技术行业会议上说，将在财政部和英格兰银行（即英国央行）之间成立一个新的工作小组，以协调开发央行数字货币的相关探索工作。2022 年 4 月 4 日，英国政府在官网宣布，英国财政部将监管稳定币，并且正在采取一系列措施来规范和利用加密货币，包括比特币等代币，还将与皇家铸币厂合作推出 NFT，最终目标是“使英国成为全球加密资产技术和创新中心”。对于英国的数字货币，苏纳克表示，希望能在未来看到更多的加密货币企业在英国出现，可以创造更多的就业机会，而政府也将通过有效的监管，给公司和投资人提供长期经营和投资所需的信心，确保英国的金融服务业始终处于全球技术和创新前沿②。

---

① 崔杰 . 人民币数字货币与境外数字货币对接的风险防范研究：基于人民币国际化视角 [J]. 财会通讯，2021（18）：143-146.

② 蔡苏露 . 英国推进数字货币开发的进展与挑战 [EB/OL]. 中国社会科学网百家号，[2021-07-19] . https://baijiahao.baidu.com/s?id=1705691035288851864&wfr= spider&for=pc.

虽然英国政府看好数字货币的发展，但是英国民众对于数字货币却有他们的考量。由于担心受到网络攻击和黑客的威胁，73%的受访者不愿持有“数字英镑”；70%的人担心可能失去支付隐私；45%的人担心“数字英镑”对环境的潜在影响——关于其他加密货币也存在这种争论。对政府权力的恐惧也是原因之一，62%的人表示，他们担心当局会从他们的数字钱包中没收“数字英镑”。由此可见，“数字英镑”可能还有很长的路要走①。

挪威

挪威是世界上现金流通量最少的国家，现金交易约占4%，几乎4/5的个人对个人支付是使用Vipps移动支付服务进行的。挪威现在还在采取措施进一步减少现金交易。其银行系统技术水平位于全球前沿，可以运用机器人与客户联系，同时运用机器人进行贷款申请处理等任务。挪威最大的银行拥有欧洲经济区最低的成本收入比。与其他国家相比，挪威的支付服务成本也较低。

挪威央行副行长Ida Wolden Bache于2021年曾说：“如果我们在未来某个时候引入CBDC，目的将是维护对货币体系的信心，并促成一个高效和安全的支付系统。我们也意识到一个可能的挑战：原则上，CBDC可能会造成混乱。像其他新的支付方式一样，它将与今天的存款竞争。但与其他支付方式不同，央行发行的货

① “数字英镑”了解下？英国人：谢谢不必了[EB/OL].新民晚报网易号，[2021-09-13].https://www.163.com/dy/article/GJPBI9RH0512DU6N.html.

币可能会被视为一种非常安全的选择。这意味着它可能取代一定比例的银行存款——尤其是在动荡时期，这可能对更广泛的经济产生严重的溢出效应。”①

由此可见，挪威数字货币更加强调安全以及避免经济混乱。当前，挪威 CBDC 已经进行到第三阶段，主要任务在于对具体细节进行检验、评估 CBDC 必要的和理想的特征，进一步分析发行 CBDC 的动力及影响，总结并系统化整理国际上 CBDC 的新发展等②。

法国

2020 年 12 月，法国央行成功进行央行数字货币试验，首次在私有区块链平台上使用数字技术结算货币基金份额。投资者使用 CBDC 购买和出售价值 200 万欧元（约合 240 万美元）的模拟份额。法国数字货币试点是利用 SETL 提供的分布式账本技术进行的。SETL 是一家总部位于英国的受监管区块链服务提供商，还提供 CBDC 稳定币。SETL 的 IZNEZ 记录平台被用来跟踪基金份额的动向。

“数字货币确实是一个必须进行国际合作的领域，这既是为了跨境效率，也是为了金融稳定和货币主权。特别是，CBDC 之

---

① CHE L. 挪威央行：目前没有推出数字货币的“迫切需求”[EB/OL]. 链得得搜狐号，[2020-11-10].https://www.sohu.com/a/430862267_100217347.

② 谢雨桐 . 挪威银行中央银行数字货币项目第三阶段的情况报告 [EB/OL]. 数字经济法治评论网易号，[2021-12-09] . https://www.163.com/dy/article/GQPN4F570552SMF5.html.

间的互操作性是一个至关重要的目标。”法国央行行长 Fran ois Villeroy de Galhau 说道①。法国央行在实验中，通过实施各种配置的多数字货币的安排，对国际互操作性进行了经验性探索。特别是与新加坡金融管理局（MAS）进行的涉及多个 CBDC 的模拟跨境交易，以及与瑞士国家银行、BIS 创新中心、突尼斯央行的合作②。

日本

日本央行于 2021 年开始数字货币的实证试验，分为三个阶段：第一阶段创设完整的数字货币支付、结算系统，并在此系统上验证货币发行、流通等基本功能；第二阶段开展更加复杂条件下的功能测试，如给数字货币附加利息、设定最高限额等；第三个阶段选择一定区域进行发行，对流通中的数字货币在实际操作中发现的问题进行不断完善等③。日本数字货币必须满足以下三个条件：数字化，以日元等法定货币计价，作为中央银行的债务发行。

① 胡天娇 . 法国央行称大量批发型数字货币的发行或影响货币政策传导 [EB/OL].21 世纪经济报道新浪号，[2021-11-09].https://finance.sina.cn/blockchain/2021-11-09/detail-iktzscyy4536901.d.html?oid=3998967715002974.

② 胡天姣 . 法国央行称大量批发型数字货币的发行或影响货币政策传导，央行必须完全控制 [EB/OL].21 世纪经济报道企鹅号，[2021-11-09] . https://new.qq.com/omn/20211109/20211109A031IP00.html.

③ 全球央行布局数字货币 [EB/OL]. 中国商务新闻网百家号，[2021-06-07] . https://baijiahao.baidu.com/s?id=1701887430035369330&wfr=spider&for=pc.

2020年10月，日本央行曾发布一份数字货币报告。报告中称，“考虑到技术创新的快速发展，未来公众对CBDC的需求有可能激增。从确保整个支付和结算系统的稳定性和效率性的角度而言，必须充分准备以应对情况的变化”。学者解读这份报告，认为“日本在这个时间节点提出数字货币实验，主要还是想参与到目前日趋激烈的数字货币国际竞争当中去”①。

发展中经济体

委内瑞拉

“石油币”是委内瑞拉发行的数字加密货币。每个“石油币”都有委内瑞拉的1桶原油作为实物抵押。2018年1月，委内瑞拉总统马杜罗提出了“石油币”的构想，很快，同年2月21日，委内瑞拉官方就发行了加密货币“石油币”，进入了预售阶段。

“石油币”的发行与当时委内瑞拉艰难的经济环境有关。委内瑞拉是世界上原油储备最多的国家，国内经济主要以其丰富的石油资源为支撑，石油出口收入占到国家出口总收入的95%以上，整个国家的经济状况与石油价格密切相关。因此，在2014年下半年国际原油价格出现大幅度下跌的时候，委内瑞拉国内财政出现入

① 何柳颖．日本央行正式启动数字货币实验 数字货币全球性竞争加剧[EB/OL]. 新浪科技，[2021-04-07]．https://finance.sina.com.cn/tech/2021-04-07/doc-ikmxzfmk5435227.shtml.

不敷出的情况。当时的委内瑞拉政府为挽救经济，选择大量印刷钞票来弥补政府财政赤字。糟糕的是，这让国家陷入了严重的通货膨胀。IMF 统计数据显示，2013—2017 年，委内瑞拉的通货膨胀率分别高达 41%、63%、121%、254% 和 626%。祸不单行，从 2017 年 8 月开始，美国和欧盟相继对委内瑞拉实施金融制裁，导致委内瑞拉危机加剧。为改善国家经济状况，打破美国的金融封锁，委内瑞拉政府寄希望于数字加密货币——“石油币”。

然而，委内瑞拉推出“石油币”的效率虽然高，但是相对于想要解决的问题，在 2021 年初就有人宣告，这个项目基本失败了[①]。失败的原因可能有以下几点：第一，公众对“石油币”的发行方——政府的能力持不信任态度。委内瑞拉政府在“石油币”的操作细节上并未做详细说明。而且，委内瑞拉政府不当挪用资产以及法定货币玻利瓦尔贬值 99% 的“黑历史”，让公众对此次的“石油币”有所怀疑。第二，石油产能减少。委内瑞拉政府声称“石油币”以石油作为抵押，然而目前委内瑞拉的石油产量不容乐观。受政府管理不当、国际石油价格持续低迷以及数年的贪污和债务问题影响，委内瑞拉产油量不断下跌。2018 年 1 月，委内瑞拉的石油产量降至 160 万桶，是近 30 年来的最低水平。第三，美国对“石油币”的制裁。2018 年 3 月 19 日，时任美国总统特朗普颁布行政命令，禁止任何美国人或美国境内人员购

① 益言 .2021 年全球央行数字货币研究进展综述 [J]. 中国货币市场，2021（11）：70-73.

买委内瑞拉官方推出的“石油币”，否则可能面临法律风险。美国对“石油币”的直接制裁，削弱了国际资本对“石油币”的购买意愿①。

萨尔瓦多

萨尔瓦多是位于中美洲的一个小国，全国领土面积仅有 2 万多平方千米，2019 年全国人口约为 670 万。经济以农业为主，主要盛产咖啡豆和棉花，工业基础薄弱，是世界上“中低等收入国家”之一，受 2008 年国际经济和金融危机影响，经济增长缓慢。

2021 年 6 月，萨尔瓦多国会以超过七成的赞成票通过了《比特币法》，正式将比特币列为本国法定货币。全球从未有过先例，所以萨尔瓦多是第一个将比特币列为法定货币的国家。

探究萨尔瓦多将比特币列为国家法定货币的原因，就不得不提及一个人——萨尔瓦多的现任总统，1981 年出生的纳伊布·布克尔。提到他，就不得不提到他“打击黑恶势力”的功绩。萨尔瓦多被称为“世界谋杀之都”，是世界上治安最混乱的国家之一。在萨尔瓦多全国 600 多万的人口中，两个最大的黑帮成员数量就超过了 7 万人，与黑帮有关联的人口更是高达百万。除了黑帮，一些恐怖组织的基地也建立在此处。萨尔瓦多人每年都会向黑

① 委内瑞拉“石油币”介绍 [EB/OL]. 南湖互联网金融学院搜狐号，[2018-07-03] . https://www.sohu.com/a/239026018_774221.

帮支付超过 7.56 亿美元的“保护费”，这笔费用占了 GDP 的约 3%。布克尔成为总统之后，誓要改变这种状况，采取铁血手腕，只用了两年的时间就把犯罪率从日均 9.2 起控制到了日均 3.8 起，得到了全国一半左右民众的支持，在拉丁美洲颇有声望。之后，布克尔以全国之力，豪赌比特币。

萨尔瓦多成立了一支 1.5 亿美元的基金，专门用来购买比特币。还在全国设置配套基础设施，在全国范围内安装了 200 多台能交易比特币的 ATM，可将个人数字钱包里的比特币转换成美元后直接取出，还免缴手续费。在商品流通交易方面，萨尔瓦多提供优惠的政策，规定商品交易可以用比特币显示，税收也可以用比特币缴纳，还免缴资本利得税。

以布克尔为代表的萨尔瓦多政府不遗余力地推行比特币，却没有像打击黑帮那样得到国民的认可。据萨尔瓦多媒体报道，在一项民意调查中，有 93% 的人反对使用比特币支付工资，83% 的人反对用比特币汇款；甚至在 2021 年 9 月 15 日萨尔瓦多独立日，数千名示威者涌上首都圣萨尔瓦多街头，抗议总统布克尔以专制手段强行推广比特币成为国家法定货币。

人民的反对不无道理。一方面，比特币价格容易出现剧烈波动，将其作为法定货币，破坏了本国金融市场的完整性与稳定性；另一方面，萨尔瓦多拿国库投资比特币，更像是一场赌博，实非现代国家所为。对于萨尔瓦多这样一个弱小、贫穷、动乱的国家来说，发展经济确实很难。可能正因如此，萨尔瓦多政府才希望利用比特币

“逆风翻盘”。然而，举全国之力依靠比特币，确实不能称为明智之举[①]。

乌拉圭

2017年11月，乌拉圭中央银行提出了一项为期6个月的零售CBDC试点计划，用于发行和使用乌拉圭比索的数字版本，即e-Peso试点项目。乌拉圭央行强调，“e-Peso不是一种新型货币，而是同样的乌拉圭比索，它没有实物支持，但有技术支持”[②]。鉴于现金使用减少的趋势，乌拉圭将e-Peso项目作为更广泛的政府金融包容性计划的一部分，旨在开发用于数字支付和促进金融普惠的基础设施。用户通过使用由私营公司开发的带有集成数字钱包应用的智能手机，充值获得e-Peso，可进行即时和点对点转账，并在参与该项目的商店使用e-Peso进行支付。不过e-Peso项目没有使用区块链技术，测试过程发行了2000万枚电子比索，测试结束后全部销毁。乌拉圭央行称，法定数字货币发行是一个反复试验、失败和成功的过程，必须经过长期测试，保证其与传统货币一样稳健，才能正式实施与推行。

① 总统亲自带头炒比特币，国库亏损近2亿美元[EB/OL]. 中国大数据产业观察网企鹅号，[2022-06-29]. https://new.qq.com/omn/20220629/20220629A06KXF 00.html.

② Clover. 乌拉圭央行推出数字货币[EB/OL]. 暴走恭亲王搜狐号，[2017-11-07].https://www.sohu.com/a/202629875_286863.

尼日利亚

尼日利亚于 2021 年 10 月 25 日推出了本国的 CBDC——电子奈拉。之所以急于推出 CBDC，一是因为尼日利亚面临通货膨胀的现实情况，二是因为尼日利亚深受私人加密数字货币泛滥的困扰。

尼日利亚法定货币奈拉对美元持续贬值，其通货膨胀率五年来始终维持在 10% 以上，2021 年 2 月达到峰值 18%，目前高居 16%。尼日利亚经济过度依赖能源产业，而全球石油业频受重创，兼之依赖进口贸易，自身生产能力弱，供给侧疲软，以致陷入持续通货膨胀。同时，尼日利亚政府腐败严重，管理不善，地区冲突频仍，也使民众无法信任法币奈拉，转而向加密货币寻求保护。2020 年，数据平台 Statista 调查发现，32% 的尼日利亚人拥有或使用过加密货币，占比高于世界其他任何国家。过去五年内，尼日利亚在非洲 Paxful 交易平台上的比特币交易额高居世界第二，仅次于美国。无论是相对比例还是绝对数值，这个国家的加密货币使用量都很惊人。私人加密货币的泛滥很可能威胁一个国家的经济安全。

电子奈拉是尼日利亚法币奈拉的数字形式，与实物奈拉挂钩，并受尼日利亚央行直接监管。与私人加密货币相比，使用 CBDC 的所有交易都会留下可供追查的“数字足迹”，而这将带来两方面好处。一方面，打击非法资金流动，维护国家金融安全。如果电子奈拉普及，那地下钱庄、网络炒汇等违法渠道将无处容身，“博科圣地”等恐怖组织也会受到打击。另一方面，管理非正规经济，扩大政府税基。CBDC 有助于防范偷漏税，帮助政府增加收入，渡过难关。

不得不说，电子奈拉的出现有其必然性，如果运行顺利也能够如预期那样解决一系列问题。然而，电子奈拉的推行却不尽如人意。首先是技术基础薄弱。尼日利亚北部和农村互联网普及率低，数字鸿沟成为电子奈拉使用的一道难关。其次是“电子奈拉”应用程序操作困难。起初难以注册，注册后又无法在尼央行官网找到对应页面。经许多用户投诉后，面向个人的安卓版“电子奈拉”应用程序已暂时从谷歌商店下架。最后是政府公信力不足。暴力、腐败与不平等导致的一系列安全、政治和经济危机将尼日利亚推入自 1970 年比夫拉战争结束以来最严重的动荡不安中。2019 年的选举舞弊进一步侵蚀了民众对尼政府的信任。2020 年透明国际腐败感知指数将尼日利亚视为高度腐败国家，其透明度世界排名从 2019 年的第 146 位跌至 2020 年的第 149 位，在非洲名列倒数第二。因此，尼民众难以真正信任电子奈拉。

巴哈马

巴哈马央行于 2020 年 10 月推出了面向民众的“沙钱计划”，在全国发行了一个名为“沙元”的零售型数字货币。巴哈马发行零售型数字货币的原因，与其地理条件、基础设施发展程度密不可分。巴哈马由 700 多个岛屿组成，其中约有 30 个岛屿上有人居住，共39万居民。有些岛上并没有银行设立网点，很多业务都需要居民跨岛屿办理，造成了银行提供服务门槛高、银行账户覆盖率低等问题。“沙钱计划”则能帮助未曾得到银行服务、没有银行账户的居民，获得金融服务。对于巴哈马这样的新兴市场和发展中经济体来说，数字货币能够更好地落实普惠金融①。

厄瓜多尔

2015年2月，厄瓜多尔推出一种电子货币系统，由经济政策部长Patricio River Yánez牵头，规定“所有公共及私立机构必须和合作性的金融机构一起参与构建该电子货币系统”。而且，金融机构必须为“现有的全部服务和将来可能提供的服务”提供电子清偿选项，因此每家银行都要在国有的电子货币系统开立账户。基于电子货币系统，又推出了电子货币“厄瓜多尔币”。厄瓜多尔央行（BCE）规定的官方货币是美元，因此厄瓜多尔币将“与美元等价，并可以兑换成美元”。厄瓜多尔为南美地区经济相对落后的国家，工业基础薄弱，农业发展缓慢，经济发展面临困境，又想要在经济上“去美元化”，增强支付系统的效率，促进国家经济的稳定，刺激经济的发展，于是开始试水数字货币，厄瓜多尔币由此诞生。

厄瓜多尔币受到央行的直接监管，并由央行来维持汇率的稳

① KOSSE A，MATTEI I，王鑫．国际清算银行（BIS）：加速发展：2021全球央行数字货币调查结果[EB/OL]. 国研网，[2022-05-07]．https://h5.drcnet.com.cn/docview.aspx?docid=6455006.

定。只有符合条件的厄瓜多尔居民，才有权使用厄瓜多尔币在超市、商场、银行等场所完成支付。遗憾的是，一年后，厄瓜多尔币在国内的流通量不足整体货币交易量的 0.3/10000，得不到民众使用的厄瓜多尔币不得不在 2018 年 3 月底宣告停止运行。至此，厄瓜多尔成为世界上第一个尝试 CBDC 失败的国家[①]。

国际合作

由法国与瑞士联合发起的 Jura 项目

法国央行与瑞士央行表示，将与瑞士联合银行、瑞士信贷、法国国家银行、瑞士证券交易所运营商、金融科技公司以及国际清算银行创新中心一起，对批发型数字货币跨境结算进行试验。此次探索性试验称为 Jura 项目。瑞士央行与法国央行的联合试验是欧洲首个对跨境央行数字货币支付的探索，关注重点为银行间的批发贷款市场，而不是日常公共交易。Jura 项目在分布式账本技术平台上进行跨境结算，将欧元批发 CBDC 兑换为瑞士法郎批发 CBDC。这意味着，支付将几乎是即时的，必须经由两国央行通过数字方式批准后方可生效。

---

① [中 / 英] 厄瓜多尔推出了官方版“比特币”[EB/OL]. 未央网搜狐号，[2015-06-05] . https://www.sohu.com/a/17804026_115173.
DCEP 领跑，世界各国央行数字货币的进展如何？ [EB/OL]. 链得得搜狐号，[2020-09-23] . https://www.sohu.com/a/420268842_100217347.

由日本央行和欧洲央行联合开展的 Stella 项目

Stella 是日本央行和欧洲央行联合开展的研究项目，旨在通过区块链技术为跨境支付提供解决方案。主要针对分布式账本技术在支付系统、证券结算系统、同步跨境转账、平衡机密性和可审计性等领域的适用性进行研究[①]。

多边央行数字货币桥研究项目

2021 年 2 月，中国人民银行联合中国香港金融管理局、泰国中央银行、阿拉伯联合酋长国中央银行及中国人民银行数字货币研究所宣布，联合发起多边央行数字货币桥研究项目。这个项目将通过开发试验原型，进一步研究分布式账本技术，实现央行数字货币对跨境交易的全天候同步交收结算，便利跨境贸易场景下的本外币兑换。同时，数字货币桥项目还将进一步构建有利环境，让更多亚洲及其他地区的央行共同参与研究，提升金融基础设施的跨境支付能力，以解决跨境支付中的效率低、成本高及透明度低等难题。根据研究成果，各参与方将评估多边央行数字货币桥在跨境资金调拨、国际贸易结算及外汇交易中应用的可行性[②]。

---

① 巴比特 . 日本央行和欧洲央行联合发布有关 Stella 项目第四阶段研究结果报告 [EB/OL].TechWeb，[2020-02-14] . http://www.techweb.com.cn/blockchain/2020-02- 14/2777121.shtml.

② 重磅！央行联合发起多边央行数字货币桥研究项目 [EB/OL]. 央视财经百家号，[2021-02-25] . https://baijiahao.baidu.com/s?id=1692650342599136096.

第三节　CBDC 对数字人民币的启示

数字人民币属于零售型 CBDC 之一，其试点规模及应用场景丰富度等方面处于国际领先位置。在取得显著研发进展的同时，数字人民币可能还面临着更加复杂的国际环境。了解其他国家 CBDC 的研发原因、目标、进展、风险与应对措施等，能够为数字人民币的发展提供参考和指引。

协调稳定与安全

遵循稳步、安全、可控的原则推进数字人民币。目前，我国试点的数字人民币是对 M0 的替代，即零售型数字货币，而零售型法定数字货币会对现有的金融体系带来较大的冲击，且法定数字货币在不同层次的应用、进展，其对应的监管要求也不相同，因而法定数字货币的推行需要循序渐进，不可操之过急。比如，引入“监管沙盒”制度，合理选择试点验证地区、场景和服务范围，为法定数字货币的推广提供一个“缓冲地带”，观察使用效果，逐步积累经验并不断优化和丰富法定数字货币功能，从而稳妥地实现全国推广应用。

依法合规研发

尽快制定数字人民币相关法律法规。现阶段，我国暂未制定与数字人民币相关的法律法规，现行与法定货币相关的法律法规都是以传统实物货币为参照物的，不能完全适应数字人民币的运行和管理要求。因此，亟须出台相关法律法规，以确立数字人民币的法律主体地位和监管机制。

在制定数字人民币相关法律的同时，还要完善私人数字货币监管法律法规体系，对私人数字货币的发行、交易和使用范围进行严格限定。采取必要的风险隔离措施，确保私人数字货币不进入实体经济和金融领域，避免私人数字货币风险外溢至银行、证券、保险等领域。对因违规交易导致风险性事件的私人数字货币平台，采取严厉惩处乃至取缔等举措[①]。

鼓励市场参与

加大数字货币技术创新与研究的力度，引导市场力量参与。目前，各国央行大多基于区块链技术研发法定数字货币。区块链

① 封思贤，杨靖．法定数字货币运行的国际实践及启示 [J]. 改革，2020（5）：68-79.

技术是构造数字货币的基础技术，但目前仍处于不断发展和完善的过程中，尚存在无法满足交易高并发量的要求等问题，发行法定数字货币还需克服很多技术难题。央行应兼收包括区块链在内的各种成熟技术，通过各种政策鼓励数字货币技术创新，深化大数据、物联网等数字技术与数字货币的融合，增强数字技术对法定数字货币的支撑能力。

同时，应该积极鼓励、支持企业和个人进行数字技术的研发和应用，充分调动市场力量，通过竞争优选来实现系统优化，共同开发、共同运营。这有利于整合资源、促进创新，从而加大货币数字化的转型力度。以法国数字货币研发为例，法国央行的试验项目就采用与私企合作的方式，采用区块链技术，打造主要用于银行间交易的数字货币。央行在市场多方力量共同参与的过程当中，也应当发挥引导、监管等作用，以保证法定数字货币的顺利推广与发展。

加强国际合作

2021 年以来，国际清算银行已经与瑞士国家银行、法兰西银行，澳大利亚、马来西亚、新加坡和南非等国央行，以及中国人民银行、中国香港金融管理局、泰国央行和阿联酋央行等联合启动了若干个多边 CBDC 试点项目。为更好地促进形成国际合作成果，我国可加强与国际清算银行、国际货币基金组织、国际标准化组织、国际电信联盟等牵头 CBDC 多边研发与国际标准制定的机构的互动与合作，积极分享我国的实践经验并发挥建设性作用，尤其是在通信技术、信息安全技术以及区块链技术等与 CBDC 结合的创新层面，为其他国家央行提供有益借鉴，全面增强数字人民币的国际贡献度。

与此同时，全球 CBDC 发展已呈现出“中美洲国家率先启动、亚洲国家整体领先、欧美发达国家加速追赶”的清晰格局。包括新加坡、韩国、泰国、马来西亚、以色列、沙特阿拉伯、阿联酋、柬埔寨等在内的许多亚洲国家均已进入 CBDC 试点阶段，为我国加强区域研发合作提供了良好契机。尤其是加强与法定数字货币研发同样走在前列国家的合作，可强化自身的金融主权与法定数字货币发展的话语权。同时，应借鉴目前人民币国际化的经验，制定未来法定数字货币在境外使用的技术环境、推广策略，实现境外流通。在监管时加强合作，尤其加强与其他国家在私人数字货币领域的监管政策协调与合作，防止出现跨境监管制度套利[①]。

① 包宏 . 美联储发行央行数字货币的基本概况、政策挑战以及对数字人民币的启示 [J]. 经济学家，2022（6）：119-128.

第三章

从研发到试点：渐行渐近的数字人民币

数字人民币是新时代人民币的创新，是我国央行与商业银行等主体共同研发与试验的结晶。我国研发和试验数字人民币受多种经济社会因素驱动，从理论探讨到试点扩大始终遵循稳步推进、确保安全等原则。在各方主体的不懈努力下，数字人民币逐渐走入百姓生活，并在不断探索场景创新中实现技术迭代。

第一节　数字人民币的驱动因素

除了货币数字化发展趋势不可阻挡外，我国研发和试点数字人民币主要是由以下五点因素驱动的。

社会公众期待支付工具创新

从 20 世纪 90 年代中期开始，互联网开始了大规模商用进程，智能终端、电子商务、移动通信等产业快速发展。在这段时期，银行、证券、保险等金融机构逐步实现网络化，消费者越来越多地使用信用卡、借记卡、IC 卡、在线支付方式，电子货币需求量迅速扩大。后来，兴起了一批互联网平台企业，如阿里巴巴、腾讯等，为电子货币的移动支付提供了有力支撑，中国移动支付得以快速发展。社会公众享有了更加便捷高效的零售支付服务，也养成了数字支付习惯。新冠肺炎疫情暴发以来，网上购物、远程办公、在线教育等数字工作生活形态更加活跃，数字经济覆盖面不断拓展，欠发达地区、边远地区人民群众对线上金融服务的需求日益旺盛。

现金的功能和使用环境变化

随着数字经济发展，我国现金使用率呈下降趋势。2019 年中国人民银行开展的中国支付日记账调查显示，手机支付的交易笔数、金额占比分别为 66% 和 59%，现金交易笔数、金额占比分别为 23% 和 16%，银行卡交易笔数、金额占比分别为 7% 和 23%，

46% 的被调查者在调查期间未发生现金交易[①]。而且，印钞厂、造币厂制造传统纸币或硬币的成本较高，需要特殊的材料，需要防伪技术的支持。管理成本也较高，在运输过程中会产生磨损、损耗，还需要专门的地方存储。总之，传统纸币或硬币的设计、印制、调运、存取、鉴别、清分、回笼、销毁以及防伪反假等环节都会耗费大量人力、物力、财力。但通过数字技术发行的数字人民币，免去了实体印刷或铸造的过程，也不需要存储与调运，省去了一大部分成本。在迈过系统开发的门槛之后，系统运行成本低。

全球加密货币研发势头正盛

比特币之所以引起了包括中国央行在内的全世界的高度关注，一方面是因为比特币具备货币的基本职能，另一方面是因为比特币冲击了传统的货币理论。

首先，比特币具有价值尺度、贮藏手段、流通手段、支付功能等货币的部分基本职能。比特币具备一般等价物特征，可以用来购买虚拟商品，也可以用来购买实物商品，用户还可以将比特币“兑换”成大多数国家的货币，因此比特币可以充当流通手段

① 杨泽原，丁奇 . 数字人民币专题研究报告：数字经济时代支付基础设施[EB/OL]. 未来智库官网新浪财经头条号，[2022-03-15] . https://t.cj.sina.com.cn/ articles/view/7426890874/1baad5c7a0010123az?sudaref=cn.bing.com&display= 0&retcode=0.

并且具备支付功能；比特币本身的可交易性及其“生产”过程使其具有价值并且可以作为贮藏手段。

其次，比特币颠覆了一部分传统的货币理论。比特币是虚拟货币，不是实物货币，这在从自然货币到贵金属货币再到信用货币的货币发展史中，是前所未有的新事物；在保证交易安全与自由的去中心化理念下，比特币不需要中央银行，没有发行机构，这对于当前任何一种法定货币来说，都是“改变游戏规则”之举；更重要的是，比特币可以通过互联网 P2P 的点对点交易实现无国界、跨境流通，再结合去中心化理念下的没有监管机构、不受任何政府管控，比特币的跨境交易和流通不会留下交易记录。

自比特币问世以来，私营部门推出各种所谓加密货币。但加密货币缺乏价值支撑、价格波动剧烈、交易效率低下、能源消耗巨大等缺陷，导致其难以在日常经济活动中发挥货币职能。对此，一些商业机构推出所谓“稳定币”，试图通过与主权货币或相关资产锚定来维持币值稳定。有的商业机构计划推出全球性稳定币，会给国际货币体系、支付清算体系、货币政策、跨境资本流动管理等带来诸多风险和挑战[①]。

之所以说比特币的出现是促使中国研发数字人民币的原始推力，就是从比特币改变当今世界传统货币理论的角度而言的。在

---

① 中国人民银行数字人民币研发工作组 . 中国数字人民币的研发进展白皮书 [EB/OL]. 中国政府网，[2021-07-16] . http://www.gov.cn/xinwen/2021-07/16/content_5625569.htm.

当今全球货币体系下，各个主权国家都发行了法定货币，无论是充当商业零售领域的现金支付手段，还是作为国际贸易结算的货币支付工具，没有任何一个国家缺乏能够充当该等职能的货币。可以说，比特币最初引起全球关注的，不是其货币功能，而是其“特立独行”“改变游戏规则”的另类举动。世界各国在关注这个新事物的过程中发现，比特币除了另类的一面，也有支付便捷、安全、高效、低成本的一面。

各国央行积极研发 CBDC

当前，世界主要经济体均在积极考虑或推进 CBDC 研发。国际清算银行最新调查报告显示，在 65 个经济体的中央银行中，有约 86% 已开展数字货币研究，正在进行试验或概念验证的央行占比从 2019 年的 42% 增加到 2020 年的 60%。据相关公开信息，美国、英国、法国、加拿大、瑞典、日本、俄罗斯、韩国、新加坡等国央行及欧洲央行近年来以各种形式公布了关于 CBDC 的考虑及计划，如加拿大中央银行的 Jasper 项目、新加坡金融管理局的 Ubin 项目、欧洲中央银行和日本中央银行联合开展的 Stella 项目[①]，有的已开始甚至完成了初步测试。

① 姚前 . 法定数字货币的经济效应分析：理论与实证 [J]. 国际金融研究，2019（1）：16-27.

人民币国际化的战略驱动

目前，人民币在国际贸易中的应用占比仅在 2% 左右，远低于美元。此外，当前广泛使用的全球跨境支付系统的逻辑架构始于 20 世纪 70 年代的电传系统，各国金融机构间的支付和结算必须依赖各国内部底层支付系统，因此一直存在时效滞后和成本较高的问题，并且在支付安全上受制于美国等发达国家。而数字人民币作为一种新型货币，其支付安全及支付效率都有极大的提升，还能有效改善当前跨境支付中面临的支付结算速度和支付结算成本等问题。同时，基于数字人民币建设跨境支付网络，可使更多新兴市场经济体平等、自主地参与其中，有效推动全球跨境支付体系转型。另外，数字人民币的账户松耦合（loose coupling）特性摆脱了银行账户这一约束，使交易更加便捷和安全。预计越来越多的外国来华人士和国内出境人士将更加深度地使用数字人民币，这也有助于推动人民币在境外国家和地区的流通和使用，提高人民币国际化程度①。

① 汤奎，陈仪珏 . 数字人民币的发行和运营：商业银行的机遇与挑战研究 [J]. 西南金融，2020（11）：24-34.

第二节　数字人民币问世记

2014 年，中国人民银行就已着手探讨数字人民币的原型架构与运作原理，并为此组建了许多专门机构，一起为数字人民币的诞生保驾护航。

数字人民币的研发历程

• 2014 年，成立法定数字货币研究小组，探讨法定数字货币业务框架、关键技术、流通环境、国际经验等，形成第一阶段理论成果。

• 2015 年，央行对数字人民币的原型方案进行了两轮修订。

• 2016 年，成立数字货币研究所，搭建中国第一代法定数字货币概念原型，将数字票据交易平台作为法定数字货币试点应用场景，启动数字票据交易平台封闭开发工作。

• 2017 年，中国人民银行数字货币研究所正式挂牌，选择大型商业银行、电信运营商、互联网企业参与研发。

• 2018 年，数字货币研究所全资控股的深圳金融科技有限公司成立，南京金融科技研究创新中心和中国央行数字货币研究所（南京）应用示范基地成立，开启了数字货币高端研发、科技成果孵化、科技交流合作、数字货币加密算法和区块链底层核心技术研发。

• 2019 年，我国 DC/EP 的“闭环测试”开始启动。模拟测试涉及一些商业和非政府机构的支付方案。同年，长三角金融科技有限公司成立，开启法定数字货币基础设施建设、试点场景技术支持、配套研发与测试。

• 2020 年 1 月，央行表示已经基本完成数字人民币的顶层设计、标准制定、功能研发、联调测试等工作。

• 2021 年 7 月，中国人民银行数字人民币研发工作组发布了《中国数字人民币的研发进展》白皮书，为当下数字人民币发展研究提供了最新指导（见图 3.1）。

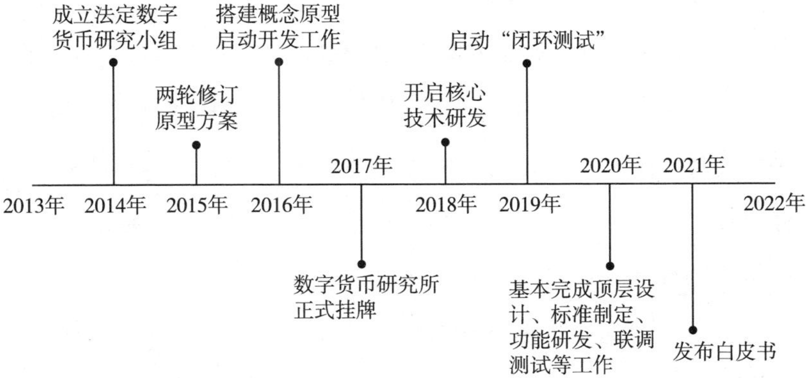

图 3.1　我国数字货币研发大事记

（资料来源：笔者制作。）

数字人民币的试点建设

• 2020 年 4 月，中国人民银行宣布首批“4+1”数字人民币试点。在深圳、苏州、雄安新区、成都以及冬奥场景进行内部封闭试点测试。

• 2020 年 4 月 22 日，雄安新区管理委员会组织召开了一场特别的推介会，邀请了麦当劳、星巴克、菜鸟驿站、京东无人超市等 19 家试点企业商户，以及相关的数字货币研发机构。通过发放红包，让数字人民币以最快的速度走进老百姓的生活。为了刺激使用，这类数字人民币红包与传统纸币红包不同，属于“消费红包”，也就是说，这笔钱不可以用于储蓄，受领者如果不在一定期限内消费使用，这些数字人民币就会被收回。

• 2020 年 8 月 14 日，商务部印发《全面深化服务贸易创新发展试点总体方案》，在“全面深化服务贸易创新发展试点任务、具体举措及责任分工”部分提出，在京津冀、长三角、粤港澳大湾区及中西部具备条件的试点地区开展数字人民币试点。中国人民银行制定政策保障措施，先由深圳、苏州、雄安新区、成都及冬奥场景相关部门协助推进，后续视情扩大到其他地区。

• 2020 年 10 月，增加了上海、海南、长沙、西安、青岛、大连 6 个试点测试地区。海南作为全国唯一全省范围试点数字人民币的地区，在 C 端（consumer，消费者）与 B 端（business，产业或企业）场景上均有诸多应用落地。

• 2020 年 10 月 8 日，中国广东省深圳市互联网信息办公室发布消息称，为推进粤港澳大湾区建设，结合本地促消费政策，深圳市人民政府联合中国人民银行开展了数字人民币红包试点。该红包采取“摇号抽签”形式发放，抽签报名通道于 9 日正式开启。在 5 万名中签者中，共 47573 名中签个人成功领取红包，使用红包交易 62788 笔，交易金额为 876.4 万元。部分中签个人还对本人数字钱包进行充值，充值消费金额为 90.1 万元。参加本次活动的罗湖区商户达 3000 余家。数字人民币钱包基本以 App 形式出现，用户在受邀后方能下载 App。支付方式包括上滑付款、下滑收款，收付款都可选择扫码与被扫。

• 2020 年 12 月，香港金融管理局总裁余伟文在发表的一篇题为《金融科技新趋势——跨境支付》文章中指出，金管局正在与央行数字货币研究所研究使用数字人民币进行跨境支付的技术测试，并做相应的技术准备。据 21 财经报道，此次试点由中国银行（香港）和部分银行员工（约 200 名）以及商户参与测试。

• 2020 年 12 月 5 日，据苏州市人民政府新闻办公室官方微信公众号“苏州发布”消息，苏州市政府联合中国人民银行开展的数字人民币红包试点工作当日正式启动预约。中签市民已领取红包人数为 96614 人，占总中签人数的 96.61%，参与“双离线”支付体验人数为 536 人。已消费红包金额为 1896.82 万元，占发放红包总金额的 94.84%。支持使用的线下商户超过 1 万家，线上消费（京东商城）红包金额为 847.82 万元，占比 44.70%。

• 2020 年 12 月 29 日，北京市首个数字人民币应用场景在丰台丽泽落地。当天上午，在丽泽桥西的金唐大厦，一家名为“漫猫咖啡”的咖啡店启动了数字人民币应用场景测试，获得授权的消费者可以用数字人民币钱包支付购买各类商品。

• 2021 年，数字人民币试点区由原来的“4+1”扩大到成都、北京、上海、海南、长沙、西安、青岛、大连等地，形成了“10+1”的试点新格局；在新格局下，试点区域基本涵盖了长三角、珠三角、京津冀、中部、西部、东北、西北等地，能够十分有效地反映出我国具有差异性的不同区域间的数字人民币应用前景。

• 2021 年 4 月 1 日，中国人民银行研究局局长王信在国新办举行的新闻发布会上介绍，数字人民币将主要用于国内零售支付。此前已在国内多个试点地区进行测试，测试场景越来越丰富，也考虑在条件成熟时，顺应市场需求用于跨境支付交易。

• 2021 年 4 月 10 日至 23 日，深圳市再推数字人民币试点，测试人群再扩容 50 万名。本次试点主要以“使用数字人民币享消费优惠”为核心，优惠总额度为 1000 万元。

• 截至 2021 年 12 月 31 日，我国的数字人民币试点场景已超 808.51 万个，增速迅猛，较 6 个月前增加了 670 多万个，增幅超过 510%，覆盖了生活缴费、餐饮服务、交通出行、购物消费、政务服务等各个领域。数字人民币个人钱包累计开立 2.61 亿个，交易金额高达 875.65 亿元。据相关机构预测，保守估计，到 2027

年，我国数字人民币的交易规模将超 5000 亿元，其软硬件产业升级将带来 1400 亿元的市场空间。

• 2022 年，我国在此前“10+1”试点的基础上，增加了张家口、天津、重庆、广州、福州、厦门、杭州、宁波、温州、金华、绍兴、湖州等 12 个试点城市，形成了 23 地试点的新格局。

相信随着数字人民币技术的不断成熟，以及试点经验的持续推广，在不久的将来，数字人民币就能够真正“飞入寻常百姓家”。

第三节 从试点看数字人民币的优势

在全国 23 地两年多的试点过程中，数字人民币表现出多方面优势：它用起来与微信支付、支付宝一样方便，不会危害金融系统的安全性和稳定性，其可控匿名性也减少了洗钱、恐怖融资等违法犯罪行为，未来还可通过不影响货币功能的智能合约进行优化。

便利性

数字人民币可以给消费者和商家带来很多便利。消费者不用随身携带现金，也不用专门用钱包存放现金。商家也不用在收款时验钞，更免去了找零的步骤，提高了人民币使用的便利性。对于央行（货币发行方），也免去了实物人民币的调运、存取、鉴别、清分、回笼、销毁、防伪反假等环节。

安全性

数字人民币以国家信用为担保，避免了网民信用或企业信用的不确定性。它借助于加密技术、分布式账本等技术，在流通过程中即时、全面地记录了交易信息，杜绝了伪造、篡改交易数据的可能，减少了交易双方的信息不对称，也减少了支付等交易过程中的逆向选择和道德风险。监管机构还可依法依规对数字人民币追踪溯源，减少洗钱、制售假币等违法犯罪行为。数字人民币具有松耦合、双离线、匿名可控等特点，其数字钱包可绑定或脱离银行账户，能有效保护社会公众的隐私，降低货币防伪成本。

普惠性

数字人民币所要求的普惠性，指的是人们在容易获取数字人民币的同时，也容易把数字人民币花出去。普惠性的要求，使得数字人民币能够被运用在很多不使用第三方支付的地方，比如，涉及政府的支付场景。在政策的支撑下，很多商业性场所也会加快数字人民币基础设施建设，以保障在商业场景上数字人民币支付的金融普惠性。

创新性

数字人民币的创新性主要体现在其载体上。除数字人民币钱包外，还有卡片、手表、手套、手环、徽章等多种“硬钱包”。这些载体可通过近场通信（near field communication，NFC）手段，帮助用户顺利完成支付。人们可以直接将数字人民币转到这些载体中进行支付，转换的效率与将数字人民币转入数字人民币钱包没有区别。而数字人民币具有法偿性，转入此类载体中的数字人民币，其他机构同样不能拒绝。此类非接触 NFC 支付，更适合在疫情防控期间使用。

值得注意的是，数字人民币的创新性还体现在其可以帮助老年人、残障人士等特定群体实现无现金消费。这些群体操作智能手机可能存在困难，就可以在老年人的手表、老花镜，甚至手杖，或者残障人士使用的特定物件上安装特定芯片，使其成为载体，实现数字人民币的使用。

概念篇

第四章

数字人民币的概念、属性与功能

自2014年以来，8年时间过去了，数字人民币第一代原型系统已经搭建完成，并开始在国内部分有代表性的地区开展试点测试。数字人民币走进人民群众的日常生活已成趋势，因此，我们有必要对数字人民币形成清晰的认识和界定。

第一节　数字人民币的概念与属性

数字人民币虽以新兴技术改变了传统货币之“形”，却未改变信用货币之“实”。与此同时，数字人民币的科技含量颇高，又赋予了人民币新的内涵，使其具备了全新的法定货币属性。

数字人民币赋予了人民币新内涵

数字人民币是人民币的数字形式，是我国的法定货币。二者具有等价的法偿性与价值特性。数字人民币以科技创新赋能人民币，使人民币的内涵与面貌焕然一新，在法定性，价值，技术、实现路径与应用场景等方面有所突破。

首先，就法定性而言，数字人民币是中国人民银行发行的、数字形式的法定货币[①]，具备价值尺度、贮藏手段、流通手段、支付功能等基本职能。

其次，就价值而言，数字人民币仍由央行信用担保，与实物人民币无异。数字人民币可谓数字时代央行信用的尝试，是一种新型信用货币。

最后，从技术、实现路径与应用场景来看，数字人民币由指定运营机构参与运营，采用可变面额设计，具有编程性，以加密币串形式实现价值转移，不计付利息。以加密安全技术、央行算法、大数据分析、智能合约等技术为保障，以广义账户体系为基础，支持银行账户松耦合功能，可适用于零售支付、水电煤气缴费等多场景，不仅将改善数字时代的金融监管与资金监测，还将在数字经济中发挥日益重要的作用。

---

① 中国人民银行数字人民币研发工作组 . 中国数字人民币的研发进展白皮书 [EB/OL]. 中国政府网，[2021-07-16] . http://www.gov.cn/xinwen/2021-07/16/content_5625569.htm.

从这三个维度来看，数字人民币是加密货币、算法货币与智能货币[①]，突破了法定货币的传统内涵，又不会完全超越法定货币的范畴。总之，数字人民币有利于促进买卖双方的交易匹配，有利于推动数字时代商品流通，有助于数据与资本的市场化配置。

数字人民币优化了人民币的属性

数字人民币的法偿性

自新中国成立以来，中国已经发行了五套人民币，虽然面值在不同的年代有相应调整，但均是以纸币和硬币为表现形式的实物货币。人民币是中国的法定货币，以中国的国家信用为基础，具有无限法偿性，由国家法律规定人民币的法律地位。《中华人民共和国中国人民银行法》（以下简称《中国人民银行法》）第十六条规定："中华人民共和国的法定货币是人民币。以人民币支付中华人民共和国境内的一切公共的和私人的债务，任何单位和个人不得拒收。"

虽然《中国人民银行法》在当前还没有明确数字人民币的法律地位，但其修订已经提上全国人大的立法议程。《中华人民共和国中国人民银行法（修订草案征求意见稿）》（以下简称《中国人

① 姚前．理解央行数字货币：一个系统性框架 [J]. 中国科学：信息科学，2017，47（11）：1592-1600.

民银行法（修订草案征求意见稿）》）第十九条明确提出："人民币包括实物形式和数字形式。"数字人民币的地位将得到法律的确认，数字人民币与实物人民币都是中国的法定货币，并将在一定时期内长期共存，数字人民币的出现不会立即导致实物人民币的消失。

数字人民币的数字性

数字人民币以数字形式实现价值转移。人民币的数字形式是基于数字化的基本考量，因此，分析人民币的数字形式需要建立在数字化的分析基础上。

数字化有三个基本特征：一是信息化，将社会生产、生活涉及的一切商业信息及相关信息，通过二进制代码转化为计算机可识别和储存的数字，大量数字的叠加形成数据；二是互通互联，利用物联网、人工智能，让识别和储存数据的各个节点无缝连接，将信息化时代的信息孤岛转变为互通互联的大数据整体；三是智能化，通过大数据和人工智能分析，为商务和生活场景提供最优方案，或者为参与数据收集和储存的组织提供决策依据。

数字人民币作为人民币的数字形式，不仅仅是货币在形态上的改变。一方面，人民币从实物形式走向数字形式，能够使交易更便捷。这一改变对促进商品流通的积极意义，与贵金属货币走向纸币类似。但是数字人民币的出现对商品交易的意义，远大于贵金属货币转向纸币的进步。另一方面，人民币的数字形式也为中国人民银行履行中央银行的货币政策职能，带来了数字化管理的升级。

虽然数字人民币与实物人民币同为支付即结算，但是数字人民币的使用相对于实物人民币的使用而言，并非完全“无痕”。数字人民币在匿名方面的原则是可控匿名，即零售场景中小额现金交易所需的即时支付可以匿名，大额或特定交易方的即时支付可以溯源。数字人民币可控匿名即可控溯源的特征，就是建立在人民币数字化管理的基础上的。

对国家而言，人民币的数字形式有利于央行依照《中国人民银行法》制定和执行货币政策，加强金融领域的合规化管理，指导商业银行开展反洗钱和反恐怖融资的资金监测。建立在数字化基础上的人民币的数字形式，将直接推动中国的银行业务和零售支付业务从信息化时代向数字化时代迈进。数字人民币从发行、流通、存储，到“一带一路”投资、国际贸易支付，都将形成全链条数据库，各个流通环节形成的数据互联互通，在人工智能和大数据分析的加持下，将为中国金融市场的宏观调控、国家金融系统的长期稳定、系统性金融风险的防范提供强大的监测信息和决策依据。

对数字人民币的合法持有者和使用者而言，人民币的数字化将为零售领域即时支付带来更大的便捷性和安全性。央行在研发数字人民币和搭建原型系统时，已经充分考虑通过数字证书体系、数字签名、安全加密存储等技术，实现了数字人民币的不可重复花费、不可非法复制伪造、交易不可篡改及抗抵赖等特性。相对于本质上属于第三方企业信用平台的支付宝、微信支付等零售交易支付工具，数字人民币具有更加强大的安全性并兼顾了便捷性。

与实物人民币的等价性

数字人民币与实物人民币完全等价。其具有的价值特征和法偿性，其实是普通民众最关心的问题。我国崇尚“落袋为安”的文化心理，数字人民币直接关系到大家的“钱袋子”，却又是“看不见、摸不着”的新事物。如何说服普通民众接受数字人民币，是我们需要思考的问题，不仅需要通过立法明确，也需要在研发设计中加以考虑。

数字人民币在研发设计中有一个基本理念，就是坚持“安全普惠、创新易用”。数字人民币本身是一个高科技的产品，是中国经济由高速发展向高质量发展转型的数字经济的代表作之一。但它不能“高大上”或“高冷”，不能不“亲民”。在普惠金融的理念下，中国人民银行设计和发行的数字人民币不是单单为社会精英准备的，不是“精英货币”。作为央行发行的法定货币，数字人民币的持有者将是全体中国人民，甚至包括在中国的外国人，以后还会包括境外的国际贸易相对方。

数字人民币具有与人民币同样的价值特征和法偿性，具备货币的全部基本职能。或者说，数字人民币就是国家对数字人民币持有者的负债，集中表现为数字人民币与实物人民币的等价。说白了，数字人民币就是钱。

尽管理论上讲数字人民币与实物人民币完全等价，但实践中大家仍心存疑虑。笔者想起一个很有意思的亲身经历，至少可以说明一些问题。若干年前，菜场摊贩已经开始使用支付宝和微信支付二维码收款，通常到菜场买菜只需要带着手机，就可以与菜场摊贩无障碍达成零售交易。但是笔者家附近的菜场就有一个例外，菜场有位老太太，独家卖袋装鲜牛奶和袋装可可奶，她坚持只收纸币和硬币。由于附近“别无分号”卖这两种奶，笔者的家人们又对它们情有独钟，因此笔者每隔几天去买奶时，不得不随身携带纸币。这种纠结的买卖大概持续了一两年。直到某一天，笔者又前往老太太那里买奶，发现她的摊位摆上了一个崭新的微信收款二维码牌。笔者与老太太闲聊了几句，她坦言自己是最后一个坚持只收现金的摊主，但她发现其他摊主都在用二维码做买卖，方便、快速而且没有其他影响，也就坦然接受了扫码付款，最后总算接受了“钱不只是纸币和硬币”的事实。

这位老太太的故事告诉我们：一是社会公众会接受数字人民币这种新事物；二是社会公众接受数字人民币需要过程和时间；三是社会公众有强烈的从众心理。向社会公众推广数字人民币，可能让他们亲自体验更重要。只要有一个人切实体会到其安全、便捷与创新之处，便会向其他人推荐使用。久而久之，便会有越来越多的人接受它。这比专家学者讲一万遍大道理都管用，也胜过金融机构职员不厌其烦地推销。

数字人民币的发行与流通

数字人民币的发行主体

中国人民银行是数字人民币的发行主体。它作为我国的中央银行，代表国家行使发行数字人民币、管理数字人民币流通的权力，同时表明数字人民币与实物人民币具有同等的国家信用、无限法偿性和法律地位。在中国，除了中国人民银行，没有任何机构享有法定货币发行权。相比之下，稳定币、比特币等数字货币的发行主体与机制与其迥异。

比特币是完全去中心化的，在区块链的理念下没有任何一个组织可以决定比特币的整个交易走向，而 Libra（Diem）通过私人联盟组织维护其运营。但是，无论是去中心化模式，还是私人联盟管理，这两种货币在实质上都是私人机构发行的加密货币，都不是由主权国家发行的货币，不具有国家信用的背书，也不具有无限法偿性。从法理上讲，比特币和 Libra（Diem）的信用基础都是企业信用或商业信用，而不是国家信用。因此，即便从货币发展史或货币基本职能的角度来说，不能排除比特币和 Libra（Diem）成为“货币”的可能，但除非像萨尔瓦多政府那样用立法的方式将其确定为法定货币，否则它们就不可能是“法定货币”。货币发行机构的差别是区分法定货币与非法定货币的主要因素。

数字人民币的发行机构是中国人民银行，并非私人机构。这种法定货币性质，使数字人民币与比特币、Libra（Diem）有天壤之别，在国家信用、无限法偿性、法律地位上存在本质差异。

数字人民币的发行与流通体制

数字人民币的中心化管理是其与比特币的主要区别。比特币是基于区块链的去中心化模式，没有中央银行，依靠复杂的算法和分布式数据库实现流通。比特币的匿名特性和交易具有的投机性使其受到追捧，但其匿名性和不受机构监管的交易自由也使其成为滋生洗钱和恐怖融资细菌的温床。

数字人民币的中心化管理就是赋予中国人民银行以中央银行的名义负责数字人民币的发行和流通管理的权力。数字人民币采取中心化管理是法定数字货币的必然选择，中国的法律制度也决定了数字人民币的发行和流通必须采取中心化管理的原则。《中国人民银行法》第二条规定："中国人民银行是中华人民共和国的中央银行，中国人民银行在国务院领导下，制定和执行货币政策，防范和化解金融风险，维护金融稳定。"第四条第（三）项又规定，中国人民银行依法履行"发行人民币，管理人民币流通"的职责。

数字人民币的中心化管理，有利于国家货币政策的正确制定和执行，有利于建立和完善中央银行宏观调控体系、保持货币币值的稳定、实施对金融市场的宏观调控，并在根本上促进国家金融系统稳定、国家经济增长。数字人民币的中心化管理是与中国经济社会发展大局、与实现“两个一百年”奋斗目标紧密相关的。

在明确的中心化管理的原则下，数字人民币的发行和流通兼顾双层运营机制（见图 4.1）。双层运营机制就是在顶层的中国人民银行的统一管理下，由中国人民银行指定运营机构及相关商业机构负责向社会公众提供数字人民币的兑换和流通服务。目前，中国主要的国有商业银行先行步入了数字人民币指定运营机构的行列，中国银行、中国建设银行、中国农业银行、交通银行均已开展数字人民币相关业务。国有商业银行参与到数字人民币的流通服务环节，有利于数字人民币充分利用国有商业银行成熟的网点资源，更快地走进寻常百姓，也有利于持有数字人民币的用户通过国有商业银行的成熟渠道获得更好的流通服务。

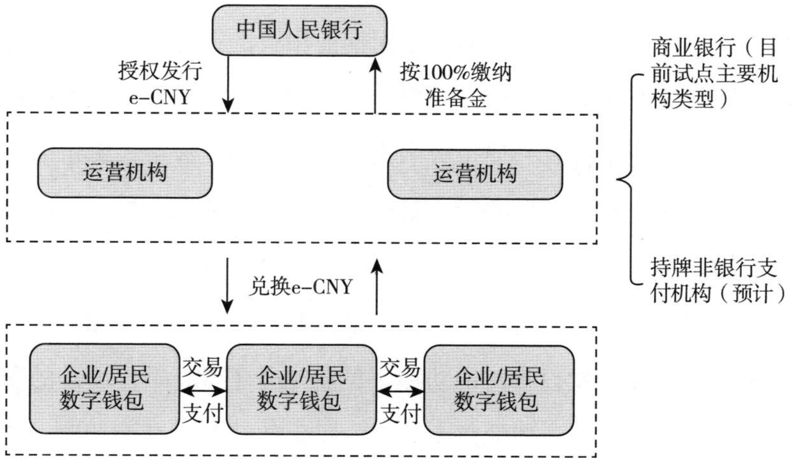

图 4.1　数字人民币双层运营机制

（资料来源：笔者制作。）

数字人民币的广义账户体系

数字人民币以广义账户体系为基础，支持银行账户的松耦合功能，意味着数字人民币实现了重大突破。

在物理意义上，耦合是两个不同的物理系统之间互相影响或能量交换的程度。如果一个物理系统的能量发生变化能够导致另一个物理系统的能量随之产生相应变化，就可以称之为发生了“耦合”。如果我们用一个很通俗的词语来表示，“耦合”可以说是两个事物之间存在的“依赖性”。如果两者之间的依赖性小，就可以说是“松耦合”；如果两者之间的依赖性大，就可以说是“紧耦合”。

从字面上来理解，“支持银行账户的松耦合功能”意味着数字人民币的持有者并不必然需要使用商业银行的银行账户，换句话说，即便没有在商业银行开立银行账户的个人和单位，也可以在零售场景中正常持有并使用数字人民币并且实现数字人民币的正常流通。这个消费场景实际上就非常类似我们持有实物人民币时的购物体验。

数字人民币在流通过程中支持银行账户的松耦合功能，说明数字人民币在研发设计时的功能定位就是基于 M0 零售场景的现金支付功能，因此通俗地讲，数字人民币的持有者在消费时，与实物人民币持有者购买商品的消费行为是一样的，没有本质差别。

不仅如此，“以广义账户体系为基础”，体现了数字人民币在研发设计上的开放性和包容性。“广义账户”相对于“银行账户”而言。“银行账户”的开设具有严格的规范性和资格审慎性，而“广义账户”使得能够识别数字人民币持有者特征的身份标签都可以成为数字人民币的流通渠道，比如高速公路收费口的车牌识别系统就可以实现数字人民币的即时扣款缴费。

以广义账户体系为基础的数字人民币的流通，并非排斥商业银行的电子账户，而是将商业银行电子账户与其他可以识别的身份标签有效结合起来，同时结合数字人民币的离线使用功能，实现数字人民币与指定运营机构（包括商业银行和经许可的第三方支付平台）的互补性和通用性。数字人民币的流通可以务实地利用各家商业银行和第三方支付平台的现有成熟渠道，实现零售场景支付工具的多样化、高效性、安全性，在这个过程中也实现了数字人民币的包容性。

数字人民币流通中的广义账户体系基础，与对银行账户的松耦合功能，是相辅相成的。对银行账户的松耦合设计可以更好地实现数字人民币的现金支付功能，为数字人民币在无银行账户或离线状态下的流通提供强大的实际效能。这与数字人民币在研发设计时的 M0 现金支付工具的功能定位是相吻合的。而广义账户体系为数字人民币的广泛应用提供了更加务实的应用基础，特别是当数字人民币作为一个新事物处于应用推广阶段时，充分利用各指定运营机构的成熟流通渠道，可以避免数字人民币流通渠道的重复建设。

第二节 辨析数字人民币

仅从抽象的概念进行界定，我们仍然无法全面理解数字人民币。有的人难以区分数字人民币和现金；有的人不知道它与比特币、Libra 的区别；有的人不知道它与微信支付、支付宝支付的区别；有的人觉得手机银行、移动支付用着很方便，没有必要发行和使用数字人民币。下面，我们就来辨析数字人民币与其他货币形式，看看数字人民币是什么不是什么，领先在哪里，又不能做什么。

表 4.1 简要概括了数字人民币及其相关概念，梳理了数字人民币与实物人民币、电子货币、虚拟货币及私人数字货币的关系。接下来，我们来共同探讨数字人民币与各种货币形式和支付工具的异同①。

① 数字货币可作广义与狭义的理解。广义上的数字货币包括法定数字货币或 CBDC。狭义上的数字货币仅指私人数字货币（private digital currency，又称私有数字货币，指由市场机构或个人设计发行的数字货币）。本书从狭义上界定数字货币，如无特定说明，本书中的数字货币均指私人数字货币。本书也明确区分数字货币与虚拟货币，认为后者只是网络空间里的货币，是游戏玩家等特定主体观念中的货币。

表 4.1　数字人民币与其他货币形式的比较

货币形式	数字人民币	实物人民币	电子货币	虚拟货币	私人数字货币
发行主体	央行 / 货币当局	央行 / 货币当局	银行业金融机构	网络运营商	无
适用范围	不限	不限	网络银行、手机银行或非现金支付工具	企业网络	不限
法偿性	无限法偿性	无限法偿性	有限法偿性	无法偿性	无法偿性
发行数量	依法确定	依法确定	取决于法币	发行主体决定	数量一定
存储形式	数字	纸币、硬币	银行卡或账号	账号	数字
流通方式	双向流通	双向流通	双向流通	单向流通	双向流通
货币价值	依法确定	依法确定	与法币对等	与法币不对等	与法币不对等
信用保障	国家信用	国家信用	国家信用 + 银行信用	企业信用	网民信用
交易安全性	较高	较高	较高	较低	较高
交易成本	较低	较高	较高	较低	较低
运行环境	内联网、互联网或相关设备	日常生活场景	内联网、互联网或相关设备	企业服务器或互联网	开源软件及 P2P 网络

资料来源：笔者制作。

数字人民币与金属货币

提起金属货币，我们首先会想到金元宝、金块、金币或铜钱。这些都是中外历史上曾经流行过的金属货币。从全世界范围看，金币、硬币是最常见和常用的金属货币。诚如马克思所言，“金银天生是货币，但货币天生不是金银”。金银的体积小、质地均匀、便于携带、易于储藏，自然而然地成为货币的首选。欧洲国家在很长的历史时期以金币为本位，直到第一次世界大战后才逐步取消这种规定，转变为对货币含金量的规定。1971 年，美国政府取消了美元与黄金的挂钩；1976 年，《牙买加协定》彻底打破了黄金与货币的关系。自此，全世界各国的货币基本都是信用货币，已和黄金等金属不存在关联。在我国，贵金属纪念币由黄金、白银铸造，普通纪念币由铜镍合金所制，都是特定主题、限量发行的[①]。人们用“钱”兑换或购买了这类纪念币，主要用于增值保值或作为收藏品；它们的发行量比较少，不适合充当货币。黄金、白银则更主要作为金融投资品或制作成贵重首饰，很少被作为货币。我国当前流通的硬币由铜镍合金或不锈钢所制。与作为法定货币的金币、硬币相比，数字人民币主要是形态不同。数字形态更有利于商品流通，也就意味着数字人民币比金属货币更好“使

① 中华人民共和国货币概况（2021 年 5 月）[EB/OL]. 中国人民银行货币金银局网站，[2021-06-03] . http://www.pbc.gov.cn/huobijinyinju/147948/147954/147956/4261054/index.html.

用”，更有可能成为未来调控数字经济的主要工具。

数字人民币与实物人民币

实物人民币就是我们常说的现金。数字人民币与现金有什么联系与区别呢？数字人民币问世后，是否意味着现金即将成为历史？这是社会公众普遍关心的问题。

人们常常有着浓厚的现金情结，非得看得着“钱”、摸得着“钱”才觉得放心。在农村地区、偏远山区，年迈的大爷大妈们宁愿把攒下的辛苦钱藏在床头柜里，也不愿存放在银行。然而由于保管失当，这些钱可能被偷被盗，或被虫吃鼠咬，或被火烧水浸。中国人民银行分支机构或商业银行可以兑换残损币，尽量减少他们的损失。此外，假币也是困扰金融机构与社会公众的难题。社会中可能充斥一些假冒伪劣的人民币，甚至商业银行也会误付假币并遭到处罚。社会各界苦假币久矣！

而数字人民币有助于解决这些问题。数字人民币与现金除了形态不同外，运营体系、定位与功能相差无几。与现金相比，数字人民币更实现了一些技术进步。既避免了被损坏，又避免了出现假币。

从长远来看，数字人民币可能会取代现金，成为未来生活的潮流，但这并不表明现金会消失。我们通常所谓的现金包括纸币和硬币，它们长期以来都是我们常用的支付工具。人们普遍使用电子银行、手机银行等支付工具是 2000 年以后的事情。微信支付、支付宝的兴起与普及也不过十多年。我国地域广大，风俗各异，有很大一部分人仍然偏爱使用现金支付。从中国人民银行的方案来看，数字人民币将会从替代流通中的纸币与硬币入手，但这个替代过程是渐进性的。即便将来研发出个性化的数字人民币支付工具，国家也不可能、不应当突然取消纸币这种支付选择，除非纸币消亡已成不可逆转之势。因此，数字人民币将与现金长期并存，不会完全取代纸币和硬币。目前，数字人民币仍处于试点和改进阶段，需要进一步研究和解决一些疑难问题。

数字人民币与数字货币、虚拟货币

数字人民币是数字化的法定货币，与实物法定货币等值，其效力和安全性是最高的。数字人民币属于零售型、混合型 CBDC，是一种数字法币，与比特币、Libra（Diem）等私人数字货币之间的区别在于发行主体与技术架构的差异，主要体现为中心化与去中心化的差异。虚拟货币主要包括 QQ 币、各类论坛币及游戏币，仅在虚拟世界或游戏空间里被视为“货币”，没有任何价值基础。比特币作为一种虚拟资产，不享受任何主权信用担保，无法保证价值稳定。例如，2022 年 6 月，受市场环境影响，比特币价格大跳水，这让一直看好比特币的特斯拉损失近 6 亿美元[①]。而数字人民币价值稳定，有国家信用背书，有法定的、绝对的偿付效力。这是我国央行发行的数字人民币与比特币等加密资产的最根本区别。

数字人民币与第三方支付

所谓第三方支付，指的是商业银行支付外的交易媒介、工具或行业。大家熟悉的支付宝、微信支付就是最常见的两种第三方支付工具。从表面看来，数字人民币、支付宝和微信支付都以 App 为载体，外观大同小异，使用流程如出一辙，通用功能也相差无几。但实际上，数字人民币和第三方支付有很大的区别。

首先，数字人民币的效力高于第三方支付。数字人民币是我国的法定货币，是“钱”而非“钱包”，和现金一样在我国境内具有完全偿付能力，它的发行与流通受到法律保护，任何个人和机构都不得拒收数字人民币。而支付宝、微信支付都不过是一种支付方式，任何个人或机构都可以拒绝接受这种支付方式。

其次，数字人民币的功能更多、更新，第三方支付无法与之媲美。二者都具备在线支付、扫码支付等功能，但数字人民币还

① 大跳水！比特币跌破 2 万美元，创 18 个月以来最低价；特斯拉炒币浮亏 6 亿美金，马斯克看走眼了？ [EB/OL]. 证券时报 e 公司搜狐号，[2022-06-18] . https://www.sohu.com/a/558608597_100023965.

支持双离线支付、近场支付等全新功能，完美克服了网络中断、手机无信号等极端情形下的支付难题。换言之，只要支付设备有电，无论收支双方是否上网、在线，都可以使用数字人民币支付。在光线暗弱、二维码无法识别等情形下，两个手机“碰一碰”也可以完成数字人民币支付。支付宝、微信支付一般要求收支双方在线，还受限于网络信号、光源、二维码清晰度等客观因素。

再次，数字人民币支付可以脱离银行账户的束缚，具有更强的安全性、隐秘性和便捷性。众所周知，支付涉及个人财务变动、资金流动，大家往往不愿意别人或社会公众知道这些信息。每个人都希望自己的每一笔交易都能顺利地结算，不出现资金被盗、支付延迟、重复支付等故障和问题。然而，支付宝、微信可在后台追踪个人的所有支付或资金数据，产生“大数据杀熟”等问题。因此，第三方支付的隐秘性不如现金，而且不能脱离银行账户的束缚，换句话说，支付宝和微信支付，需要绑定银行卡才能使用。使用数字人民币支付因其“小额匿名”的特征，很难获取个人的消费踪迹，可同时满足人们对安全性、隐秘性的需求。

最后，数字人民币的转出、存入，均不会收取任何手续费；而支付宝、微信支付会在特定条件下收取一定的提现手续费。数字人民币的转账或提现更“便宜”。

数字人民币与银行账户

我们在办理存取款等业务时，一般会在某家银行开立一个账户，把“钱”存在这家银行的账户里。银行账户可谓所有交易支付结算的载体，解决了现金不能跨时跨地交易的难题。可见，货币与银行账户一般是“紧耦合”的关系。人们若不开通银行账户，就无法成功转移资金。

数字人民币依托传统的商业银行账户，在基本账户上增加了数字人民币钱包ID字段。这种设计改变了货币与银行账户的关系，可以使货币与银行账户呈现“松耦合”的关系。也就是说，没有银行账户，仍然可以使用数字人民币。这就非常方便来中国旅游或者临时出差的国际友人，他们不需要开通银行账户，就可以用数字人民币进行消费。此外，在试点地区我们可以看到，数字人民币可离线支付，也可在可穿戴设备中使用，这也是实现了账户松耦合的表现。

在第三方支付的过程中，银行账户需要验证用户信息，保证支付指令来自客户本人。而数字人民币的支付验证手段，仅需要采取密码技术和数字证书等技术，如此可以提高支付的效率。

第三节　数字人民币的定位及其突破

《中国数字人民币的研发进展》白皮书在“目标与愿景”中提出：“中国研发数字人民币体系，旨在创建一种以满足数字经济条件下公众现金需求为目的、数字形式的新型人民币，配以支持零售支付领域可靠稳健、快速高效、持续创新、开放竞争的金融基础设施，支撑中国数字经济发展，提升普惠金融发展水平，提高货币及支付体系运行效率。”由此可见，当前数字人民币主要是替代部分 M0，但未来必定会突破这一基本定位。

基于 M0 的功能定位

央行负责人在一次专访中谈道，“从历史发展的趋势来看，货币从来都是伴随着技术进步、经济活动发展而演化的，从早期的实物货币、商品货币到后来的信用货币，都是适应人类商业社会发展的自然选择”，“特别是随着互联网的发展、全球范围内支付方式都发生了巨大的变化”[①]。

① 周小川行长接受《财新周刊》专访 [EB/OL]. 中国人民银行网站，[2016-02-13]．http://www.pbc.gov.cn/goutongjiaol.iu/113456/113469/3016856/index.html.

由此可见，中国对数字人民币的研发是建立在中规中矩的货币与商品的关系基础上的，数字人民币的出现是基于人类商业社会的自然发展，明确了数字人民币基于 M0 的功能定位，即将数字人民币定位为一种零售型央行数字货币，主要用于满足中国国内的零售支付需求。

数字人民币基于 M0 的功能定位，与全球数字经济和互联网的发展紧密相关。促使中国研发数字人民币的原始推力，来源于国外支付方式出现的新情况，准确地说，来源于以比特币为代表的加密货币的横空出世。数字人民币充分吸取了比特币在交易支付中的便捷性、安全性、低成本的优点。但是中国人民银行也从一开始就关注到了比特币的另一面，所以自始至终坚持中心化的基本原则，而不是照搬比特币的去中心化思路。

顺带一提，数字中国战略并不是数字人民币研发的原始推力。从时间上看，数字中国战略是 2021 年 3 月《中华人民共和国国民经济和社会发展第十四个五年规划和 2035 年远景目标纲要》（以下简称“十四五”规划）中提出来的，但央行在 2014 年就成立了法定数字货币研究小组，央行负责人 2016 年 2 月在专访中表示，“央行其实很早就开始研究数字货币了”[①]。可以说，央行对数字人民币的前瞻性研发，被纳入了后续国家综合发展战略中数字中国战略的范畴。

---

① 周小川行长接受《财新周刊》专访 [EB/OL]. 中国人民银行网站，[2016-02-13] . http://www.pbc.gov.cn/goutongjiaol.iu/113456/113469/3016856/index.html.

对数字人民币供给侧与需求侧的思考

我们在思考与分析数字人民币的功能定位时，发现它与国内M0现金类支付凭证的现实需求之间存在一些差异。也就是说，央行作为数字人民币的货币供给侧，民众作为数字人民币的货币需求侧，两者之间的相互响应没有完全同步。

我们认为，数字人民币体现出的这种供给侧与需求侧的不同步，与数字人民币本身的功能定位有关。央行对数字人民币基于M0的功能定位是，“数字人民币是一种面向社会公众发行的零售型央行数字货币，其推出将立足国内支付系统的现代化，充分满足公众日常支付需要，进一步提高零售支付系统效能，降低全社会零售支付成本”[①]。

在分析央行数字人民币上述功能定位的合理性时，我们主要考察了以下两个事实。

中国国内商业零售领域非现金支付手段的现状

2021年，中国的移动支付已经基本覆盖社会日常生活的主要场景，移动支付便民工程深度布局、普惠城乡。实体零售和电商

① 中国人民银行数字人民币研发工作组．中国数字人民币的研发进展白皮书 [EB/OL]. 中国政府网，[2021-07-16]．http://www.gov.cn/xinwen/2021-07/16/content_5625569.htm.

平台（综合电商及生鲜电商）是移动支付的主要商业领域。一线城市居民月均移动支付支出金额超过5000元，在月均消费额占比超过八成；而五线城市居民月均移动支付支出金额在3000元以上，在月均消费额中占比高达九成[①]。

2021年，全国银行共处理电子支付业务2749.69亿笔，金额2976.22万亿元，其中移动支付业务1512.28亿笔，金额526.98万亿元；非银行支付机构处理网络支付业务（包含支付机构发起的涉及银行账户的网络支付业务量，以及支付账户的网络支付业务量，但不包含红包类等娱乐性产品的业务量）10283.22亿笔，金额355.46万亿元[②]。

数字人民币的研发和试点进展回顾

根据中国人民银行《中国数字人民币的研发进展》白皮书，2014年中国人民银行成立法定数字货币研究小组；2016年中国人民银行成立数字货币研究所；2017年末，中国人民银行组织商业机构开展法定数字货币研发试验，并选择部分有代表性的地区开展试点测试。截至2022年7月末，数字人民币试点已经拓展到

① 中国银联发布2021移动支付安全大调查研究报告[EB/OL]. 新华网云南频道，[2022-01-28]. http://yn.news.cn/finance/2022-01/28/c_1310445434.htm.

② 中国支付清算协会.2021年支付体系运行总体情况[EB/OL]. 中国政府网，[2022-04-03]. http://www.gov.cn/xinwen/2022-04/03/content_5683319.htm.

15个省份的23个地区[①]。截至2021年12月31日，数字人民币试点场景已超过808.51万个，累计开立个人钱包2.61亿个，交易金额达875.65亿元[②]。

应该说，数字人民币的研发和试点工作取得了很大的成绩，但是，从数字人民币的实际应用角度来看，则并不能说取得了决定性的突破。

数字人民币开展试点以来累计产生的875.65亿元交易金额，只相当于2021年度全国银行526.98万亿元移动支付业务金额的0.017%、2021年度非银行支付机构355.46万亿元网络（移动）支付业务金额的0.025%。

从上述中国国内商业零售领域非现金支付的现状来看，银行电子支付、手机银行移动支付、非银行第三方机构网络（移动）支付业务，能够满足当前中国城乡居民对零售支付手段的需要，并且中国现有的零售支付系统效能在全球处于领先地位。从数字人民币需求侧的角度来说，当前中国城乡居民对一种新的商业零售支付手段的需求并不迫切，因而也就没有为数字人民币供给侧的研发和试点进程提供足够强大的推力。换言之，央行作为供给侧发行的定位于M0的数字人民币，并没有得到需求侧的强烈响应。

---

① 李嘉宝.15省市23地区参与试点 数字人民币打开消费新蓝海 [EB/OL]. 中国经济网，[2022-07-25] . http://district.ce.cn/newarea/roll/202207/25/t20220725_ 37902017.shtml.

② 国新办举行2021年金融统计数据新闻发布会 [EB/OL]. 国新网，[2022-01-18] .http://www.scio.gov.cn/xwfbh/xwbfbh/wqfbh/47673/47730/.

从乌克兰局势看数字人民币破局

“十四五”规划明确了数字中国战略，无疑将对数字人民币的研发和试点起到很好的推动作用，但是，我们认为，从长远来讲，数字人民币基于 M0 零售型数字货币的功能定位还需要新的补充，甚至需要新的突破。

2022 年 2 月 17 日以来，乌克兰东部地区局势恶化。乌克兰局势问题源于俄罗斯与北约之间在安全问题上的长期分歧，也受到了近些年俄乌自身经济发展滞后的深刻影响。

俄罗斯 2021 年 GDP 为 1.6 万亿美元，只有中国的 1/10；乌克兰 2021 年 GDP 为 0.18 万亿美元①，甚至低于越南同期的 GDP。国家同个人一样，都有趋利避害的本能。当自身难保的俄罗斯不能给陷入泥潭的乌克兰任何经济实惠的时候，投身欧盟就不再只是乌克兰一个冲动的想法，而成为逐渐清晰的国家战略。尽管发展经济是乌克兰制定政策时的主要考量，但是同步加入由美国主导的北约，在军事上对抗邻居俄罗斯，就是乌克兰加入欧盟必须纳下的“投名状”。

俄乌冲突爆发后，地面炮火还没平息，金融制裁的炮火就呼啸而来。2022 年 2 月 26 日，美国等西方国家发布联合声明，针

① 资料来源：国际货币基金组织官网。

对俄罗斯在乌克兰境内采取的军事行动，决定将部分俄罗斯银行排除出环球银行金融电信协会（SWIFT）系统[①]。SWIFT 的主要特点，一是具有海量的金融电信传送能力，设计能力达到每天传输 1100 万条电文，这些电文划拨的资金以万亿美元计；二是电文的格式标准化，SWIFT Code 已成为国际银行间数据交换的标准语言；三是在全球拥有海量的银行用户，在全球跨境贸易支付系统中几乎形成了“赢者通吃”的局面。SWIFT 在法律性质上属于非政府组织（NGO），实行会员制，会员都是各国的银行而不是各国政府。但是，SWIFT 显然不是一个单纯的 NGO，相反，SWIFT 是深受美国和欧盟国家影响的一个国际金融服务系统。

正因如此，美欧宣布将部分俄罗斯银行排除出 SWIFT 支付系统，实际上就使俄罗斯银行机构几乎与全球银行系统断了联系，俄罗斯在国际贸易中的跨境收付款遇到了重大挫折。当然，俄罗斯经济没有因此坍塌。其一，欧盟当前严重依赖俄罗斯能源，没有将全部俄罗斯银行机构排除在 SWIFT 系统之外，留下了国际能源贸易跨境支付的“后门”；其二，中国和俄罗斯的双边贸易可以采用人民币结算，中国也开通了人民币跨境支付系统（CIPS），有能力完成中俄双边贸易的国际支付。

尽管如此，美欧用排除出 SWIFT 的手段来制裁俄罗斯，对俄罗斯的经济发展来说无疑是雪上加霜，这一事件在国内引发了热

① SWIFT 总部在比利时布鲁塞尔，是由来自美欧国家的银行在 1973 年 5 月成立的非营利性国际组织。中国的国有商业银行也加入了 SWIFT。

烈讨论。意见基本分为两派，一派认为中国的国际金融局面危机四伏，另一派认为美欧不可能把用于俄罗斯的这些金融制裁措施应用在中国。

必须看清的是，中国终会实现“两个一百年”奋斗目标，实现中华民族伟大复兴，而美国却始终认为“一山不容二虎”。我们要未雨绸缪，坚持“系统观念”，加强战略性、系统性、前瞻性研究谋划。从“系统观念”出发，中国应当做好应对美欧所有制裁手段的准备，包括以美国为首的西方国家将中国的银行机构排除在 SWIFT 支付系统之外的准备。有鉴于此，中国应当抓紧自身金融系统改革发展的步伐，强化应对外部压力的能力。

事实上，CIPS 建设和人民币国际化近年来已经取得了很大进步。CIPS 于 2012 年 4 月 12 日开始建设，2015 年 10 月 8 日正式启动。人民币在境外已经有了一定范围的现金流通，人民币作为国际贸易的计价货币、结算货币、融资货币、投资货币都已经有了明显进展，甚至有部分境外实体已经把人民币作为贮藏货币。

2021 年跨境人民币的结算量达到了 36 万亿元，同比增长 28.9%，其中货物贸易项下人民币跨境结算量达到了 5.77 万亿元，较上年增长 20.7%①。同期，中国进出口商品总值为 6.05 万亿美元②，约合 39.1 万亿元人民币，同比增长 30%。2021 年货物贸易

① 中国银行 .2021 年人民币国际化白皮书：跨境供应链中的人民币 [EB/OL]. 中国银行网站，[2022-06-02] . https://pic.bankofchina.com/bocappd/rareport/202206/ P020220602575215814295.pdf.

② 资料来源：海关总署。

项下人民币跨境结算量约占同期中国进出口商品总值的 14.74%，结算量和占比都有了明显增长。CIPS 在国际贸易中取得的成果，也为数字人民币下一步的加速发展奠定了坚实基础。

另外，在加速数字人民币发展的过程中，还有一点是我们不能忽视的，就是应当借鉴比特币基于区块链、算法和加密技术实现的无国界、跨境流通。比特币不受任何机构管控的 P2P 跨境交易，虽然与央行坚持的中心化管理相悖，但是比特币的缺陷经过技术改造后，在不违背中心化管理的前提下，可能成为数字人民币的另一个优势。CIPS 在得到数字人民币的加持后，会使中国获得更加稳定可靠的国际贸易环境。

最后，我们从当前国际社会热点中获得的前车之鉴，就是要未雨绸缪，实现数字人民币的长足发展。俄罗斯遭受的西方金融制裁，客观上要求我们加快数字人民币的研发和试点步伐，将数字人民币与 CIPS 建设、人民币国际化紧密结合起来，扩大数字人民币最初的功能定位，从扩大需求侧响应的角度，为数字人民币的发展提供更加强大的推力。

第五章

数字人民币的形态、获取与用途

数字人民币是促进我国支付手段可持续发展的推动力。它的形态与实物人民币、银行账户等既有区别又有联系。它依托 App、数字钱包等存取、流通，不仅可用于零售支付的多种场景，亦可用于监管、调控等领域，极大地拓展了实物人民币的服务范围。

第一节　数字人民币的理念与形态

数字人民币的理念

首先，满足公众日常支付的需求。随着数字技术及电子支付发展，现金在零售支付领域的使用日益减少，广大公众更倾向于直接使用电子支付方式。没有银行账户的社会公众可通过数字人民币钱包享受基础金融服务，短期来华的境外居民可在不开立中国境内银行账户的情况下使用数字人民币钱包，满足在华日常支付需求。

其次，支持零售支付领域的公平、效率和安全。中国政府一直支持各种支付方式协调发展，数字人民币将为公众提供一种新的通用支付方式，可提高支付工具多样性，有助于提升支付体系效率与安全。数字人民币与一般电子支付工具虽然功能相似，但也存在一定差异：一是数字人民币是国家法定货币，是安全等级最高的资产；二是数字人民币具有价值特征，可在不依赖银行账户的前提下进行价值转移，并支持离线交易，具有“支付即结算”特性；三是数字人民币支持可控匿名，有利于保护个人隐私及用户信息安全。

最后，积极响应国际社会倡议，探索改善跨境支付。外国人来到中国后，可以在没有银行账户的情况下轻松开立数字钱包，像使用实物人民币一样使用数字人民币。数字人民币具备了跨境结算功能，能够在全世界范围发挥更大的影响力。

数字人民币的形态

数字人民币的面额

数字人民币的面额与实物人民币有差异。比如，数字人民币有 200 元的面额，超出了目前实物人民币的最大面额。实际上，数字人民币采取的是可变面额设计，以加密字符串形式实现价值转移。也就是说，数字人民币不再采用固定面额，有零有整也能形成面额（见图 5.1），0.01 元、0.03 元、1 元、10 元都能够独立成为“面额”（见图 5.2），并配有独立的数字人民币表达式。所谓的数字人民币表达式，也可以理解为一串加密字符串，是数字人民币的价值凭证。每一笔数字人民币，不论是充值、收款还是付款后的余额，都会产生一个唯一的表达式。举例来说，用户 A 先在数字人民币账户中充值 10 元，形成了一个 10 元的数字人民币表达式。此后，用户 A 用账户里的数字人民币转账 1 元给用户 B，用户 B 的账户中就出现了一个完全不同的 1 元的数字人民币表达式；而用户 A 的账户中剩下的 9 元，又拥有了一个全新的数字人民币表达式（见图 5.3）。

图 5.1　数字人民币面额

（资料来源：笔者制作。）

图 5.2　数字人民币面额

（资料来源：笔者制作。）

图 5.3　数字人民币的数字表达式

（资料来源：笔者制作。）

数字人民币的外观

数字人民币以数字形式发行与流通，实际上表现为一连串数字，与票面色彩和面额无关。实物人民币就不一样了。各商业银行负责分发各种面额的人民币，100 元面额的纸币都是红色的，50 元面额的则都是绿色的。据观察，不同运营机构设置数字钱包的界面时，借鉴了部分人民币的图案与色彩，使用户数字人民币本身存在某种“外观”上的错觉。比如，中国建设银行的数字人民币钱包界面是蓝色的，中国农业银行的数字人民币钱包界面是绿色的，中国银行的数字人民币界面则是红色的。消费者在中国建设银行兑换的数字人民币，不论是 1 元、10 元还是 100 元，都会呈现于蓝色的界面上；而在中国银行兑换的数字人民币，则都会呈现在红色的界面上。这些不同的颜色仅仅是不同银行的代表，并不表明数字人民币的面额。

第二节　数字人民币的获取与用途

获取数字人民币

一是可以通过中签获得。数字人民币在推广阶段，在很多城市都开展了抽红包活动，人们参与抽签，中签者即可获得相应的数字人民币红包。以 2021 年 2 月成都发放数字人民币红包为例。成都共发放了 20 万个、总金额 4000 万元的数字人民币红包，金额分为 178 元和 238 元（见图 5.4）两档。消费场景覆盖线上和线下。其中线下可在成都市商超连锁、热门景点、特色餐饮、青年创业基地等 1.1 万余个已完成数字人民币受理环境改造的商户（门店）进行消费；线上可在京东商城指定自营商品范围内使用。

图 5.4 数字人民币红包

（资料来源：成都发放的 4000 万数字人民币红包已开奖，部分中签居民晒幸福 [EB/OL]. 诚悦风云企鹅号，[2021-03-03].https://new.qq.com/omn/20210303/20210303A06G5100.html.）

二是可以直接去相关银行网点申请。居民去银行网点申请开通数字人民币钱包，银行工作人员会出示一个二维码，居民扫码后，工作人员会指导用户进行申请。一般最迟“T+2”（交易日之后两天）就可以开通，有些银行可实现当场开通。

三是可以在数字人民币相关试点活动的现场申请办理。各大银行都在加大推广宣传力度，活动现场会邀请消费者体验数字人民币，并以最快速度开通权限。

四是尝试在手机银行渠道提出申请。各大银行向目标用户主动发送了邀请短信，收到短信的客户只要登录手机银行，点击“数字人民币”图标就可以开通申请。

五是通过银行 ATM 兑换。已经有很多银行的 ATM 上线了数字人民币兑换功能，可以把手里的现金兑换成数字人民币（见图 5.5）。

图 5.5 中国农业银行 ATM 可兑换数字人民币

（资料来源：成都发放的 4000 万数字人民币红包已开奖，部分中签居民晒幸福 [EB/OL]. 诚悦风云企鹅号，[2021-03-03].https://new.qq.com/omn/20210303/20210303A06G5100.html.）

数字人民币钱包

数字人民币钱包是数字人民币的载体和触及用户的终端。按照载体形式、客户身份识别强度与权限归属，可以分为以下诸多类型[①]。

“软钱包”与“硬钱包”

众所周知，我们需要一定的载体来存取和使用日常零用的钱。在纸币流行的年代，我们用皮包或纸袋装钱；如今，我们可用手机银行、支付宝或微信“装钱”。从载体形式来看，数字人民币主要存放在“软钱包”和“硬钱包”中。其中，“软钱包”可被理解为软件钱包，基于移动支付 App、软件开发工具包（SDK）、应用程序接口（API）等，通过支持数字人民币的智能应用实现钱包功能。例如，“数字人民币（试点版）”App 中的各运营机构银行的数字钱包、各运营机构银行 App 中的数字钱包等。并非全国各地都能用“数字人民币（试点版）”App，仅限数字人民币试点地区：北京、天津、张家口、雄安新区、大连、上海、苏州、杭州、宁波、温州、湖州、绍兴、金华、福州、厦门、青岛、长沙、广州、深圳、重庆、成都、西安等地，以及海南省。使用“软钱包”不

① 中国人民银行数字人民币研发工作组 . 中国数字人民币的研发进展白皮书 [EB/OL]. 中国政府网 ,[2021-07-16]:12-14.http://www.gov.cn/xinwen/2021-07/16/content_5625569.htm.。

必担心数字人民币丢失、被盗，支持离线支付，支持蓝牙或 NFC 等通信方式，可以与手机终端或收款终端同步。

“硬钱包”也就是硬件钱包，本质在于拥有硬件安全单元，具体形式有 IC 卡（见图 5.6）、可穿戴设备（见图 5.7）、物联网设备等。同样可提供兑出、兑回、圈存、圈提、消费、转账、查询等基本功能。目前，已面向老年人推出加载健康码功能的“硬钱包”产品，在提供安全便捷支付功能的同时，还可以便利老年人在常态化疫情防控时期的日常出行。2022 年 3 月，中国银行、中国电信和国家电网率先在雄安新区将数字人民币“硬钱包”应用于新

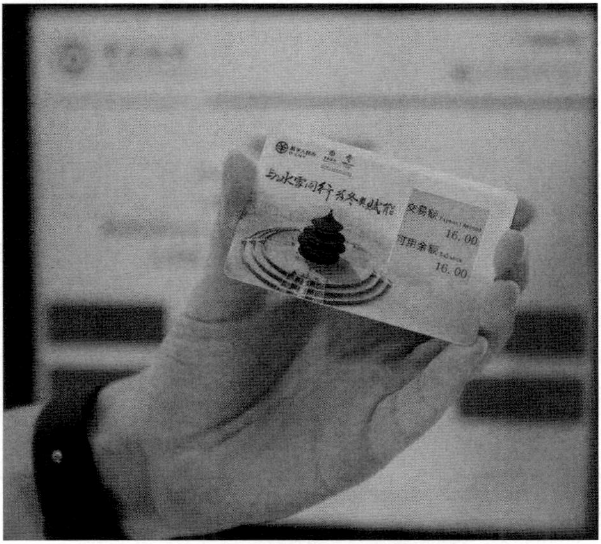

图 5.6　数字人民币卡式“硬钱包”

（资料来源：数字人民币冬奥赛场显身手：打破 Visa 对奥运会长达 36 年的支付垄断 [EB/OL]. 老杨说链搜狐号，[2022-02-21].https://www.sohu.com/a/524393532_120978428.）

能源汽车充电场景，探索实现物物支付新技术落地。将数字人民币“硬钱包”分别置于电动车充电口和充电枪，在车主为车辆充电时，充电设备可以自动读取车主钱包信息并开始计费；在充电结束时自动完成扣款，无须车主主动进行支付操作，实现了无感支付的充电体验。

图 5.7 可穿戴设备“硬钱包”

（资料来源：数字人民币冬奥赛场显身手：打破 Visa 对奥运会长达 36 年的支付垄断 [EB/OL]. 老杨说链搜狐号，[2022-02-21].https://www.sohu.com/a/524393532_120978428.）

四种类型的钱包

我们都有存取款或买卖商品的经历，除了现金交易只需清点或找零外，每次用钱时都要进行验证，要么扫描二维码，要么输入密码，要么“刷脸”扫描虹膜。这就是客户身份识别与验证，是所有金融服务的必经程序之一。按照客户身份识别强度不同，数字人民币钱包可分为一类钱包、二类钱包、三类钱包和四类钱包。

四类钱包，又称非实名钱包，是准入门槛最低的一类钱包。客户只需向数字人民币运营机构提供手机号码，就可以轻松办理。它最大限度地延承了传统纸币的“无记名性”，要求用户关联手机信息更多的是为了明确数字货币的所有权归属，并提供 App 登录信息。但也正因为身份关联性弱，它的交易限额也是四种类型钱包中最低的，余额不得超过 1 万元，单笔支付金额不能超过 2000 元，每年的累计支付限额不得超过 5 万元。如果用户一天内需要完成 5000 元以上的数字人民币支付，那么四类钱包的交易权限就不够了，用户可以通过升级钱包来解决这一问题。

身份识别强度更高一级的三类钱包，拥有着比四类钱包更高的交易限额。用户只要在手机号之外，再提交身份证件信息，就可以将四类钱包升级为三类钱包。三类钱包与四类钱包一样，都可以远程开立，无须绑定银行账户，相对而言实名程度并不高，但是使用限额要比非实名钱包高得多：三类钱包的余额上限被提高到 2 万元，单笔支付限额被提高到 5000 元，每日最多可累计支付 1 万元，而每年的支付累计则没有设置限额。

二类钱包是实名程度较高的一类钱包。虽然也可以远程开立，但办理时需要关联本人境内银行账户等信息。二类钱包在使用限额上，将余额上限、单笔支付上限以及日累计支付上限分别提高到 50 万元、5 万元和 10 万元，可以适用于大额支付交易；并且还支持个人数字钱包内的数字人民币与绑定银行账户存款之间的互转。

一类钱包是实名程度最高的钱包。用户要升级至一类钱包，只能到现场核验申请人身份和银行账户信息，不支持远程开立。虽然门槛较高，但一类钱包却是唯一不做任何交易金额限制的钱包，真正达到了与取用纸币一样的效果。

上述四类钱包的异同可参见表 5.1。

表 5.1 数字人民币钱包的类别与差异

钱包类别	开立地点	实名程度	交易限额	是否绑定银行卡
一类钱包	现场	★★★★	无	是
二类钱包	远程	★★★☆	★★★☆	是
三类钱包	远程	★★☆☆	★★☆☆	否
四类钱包	远程	★☆☆☆	★☆☆☆	否

资料来源：笔者制作。

“母钱包”和“子钱包”

数字人民币钱包按权限归属，可分为“母钱包”与“子钱包”。“母钱包”是指央行指定的九大数字人民币运营机构的钱包，包括中国工商银行、中国农业银行、中国银行、中国建设银行、交通银行、中国邮政储蓄银行、招商银行、网商银行（支付宝）、微众银行（微信支付）。在“母钱包”之下，用户可按照个人需求自由开设若干“子钱包”，将“子钱包”推送至其支持的商户（App），便可在该商户使用数字人民币进行支付。

“子钱包”的概念可这样理解，它是基于不同用处而设定的分场景或分机构的细小钱包，其作用是让“数字人民币（试点版）”App能够连接更多的商户，使数字人民币在电商消费、交通出行、本地生活等分场景、分机构中的使用变得更加畅通无阻（见图5.8）。“子钱包”具有管理便捷、场景多元、隐私保护等多重优点。开立“子钱包”后，个人用户可实现限额支付、条件支付和个人隐私保护等功能；机构用户则可实现资金归集及分发、财务管理等特定功能。

图5.8　数字人民币“子钱包”

（资料来源：笔者制作。）

举例来说，使用过支付宝、微信支付等第三方支付平台的消费者应该都有过支付方式不被某些平台和场景支持的经历。例如，饿了么、淘宝无法使用微信支付，京东、美团不支持支付宝支付。但随着数字人民币试点的不断推广，更多的应用场景将被拓展，与数字人民币“子钱包”产生连接，消费者使用“子钱包”支付数字人民币时，就不会陷入“不支持该支付手段”的窘境了。

2022 年 4 月 6 日，京东数据显示，自 2020 年 12 月接入数字人民币试点以来，京东线上已绑定“子钱包”超 350 万个，超 200 万人进行了 330 万笔数字人民币交易，累计交易金额超 2.2 亿元。美团数据显示，截至 2022 年 3 月 6 日，超 300 万个数字人民币“子钱包”被推送至美团 App，超 250 万用户在美团用数字人民币消费。通过“子钱包”推送，数字人民币可以连接、支持更多商户，应用场景不断得到完善。

数字人民币的用途

消费者个体

支付功能、收款功能与转账功能。消费者在支付数字人民币时，可用手机扫描商家提供的二维码（见图 5.9），也可由商家用 POS 机扫描消费者的付款码（见图 5.10），或者消费者直接用手机和商家的支付码牌“碰一碰”（见图 5.11）。值得再次强调的是，消费者在没有网络的情况下，同样可以使用数字人民币。数字人民币的重要功能创新之一，就是保障其在一些网络不顺畅的地方，如地下室、停车场、山区，也能正常使用，彻底摆脱了网络对移动支付行为的约束，大大赋能了数字人民币使用场景的多元化。

图 5.9　数字人民币的扫码支付

（资料来源：城际铁路、数字人民币、绿色商场……眼热了！[EB/OL]. 今日相城澎湃号，[2022-01-11].https://www.thepaper.cn/newsDetail_forward_ 16242321.）

图 5.10　POS 机支付数字人民币

（资料来源：城际铁路、数字人民币、绿色商场……眼热了！[EB/OL]. 今日相城澎湃号，[2022-01-11].https://www.thepaper.cn/newsDetail_forward_ 16242321.）

图 5.11　数字人民币“碰一碰”支付

（资料来源：城际铁路、数字人民币、绿色商场……眼热了！ [EB/OL]. 今日相城澎湃号，[2022-01-11].https://www.thepaper.cn/newsDetail_forward_16242321.）

数字人民币离线支付功能主要依托 NFC 技术实现。NFC 是一种近距离高频无线通信技术，传输距离小于 10 厘米，采用点对点通信，无须第三方设备中转传输信号。与生活中常见的“刷公交卡乘车”的机制相似，安装了“数字人民币（试点版）”App 的手机与 NFC 标签、其他手机、POS 机、可穿戴设备等“碰一碰”，都可以完成支付。这一技术采用芯片硬件加密和软件加密，不到 0.1 秒就可以完成点对点的加密通信，能够充分保障支付安全。但仍需指出的是，要使用双离线功能（见图 5.12），支付设备必须支持 NFC 功能，因此在实践中，一些“老人机”就无法进行离线交易。

预付式消费功能。预付式消费，指的是商家在提供商品或服务前，往往会以一定优惠（如充值打折、充值溢价等）来吸引消费者预存一定金额的钱，即所谓“充值”或“储值”，日后使用时再从预充值金额中划扣。预付式消费是一种广泛存在、早已为大

图 5.12　数字人民币“双离线”支付

（资料来源：城际铁路、数字人民币、绿色商场……眼热了！ [EB/OL]. 今日相城澎湃号，[2022-01-11].https://www.thepaper.cn/newsDetail_forward_16242321.）

众接受的消费模式，常见于商场、超市、理发店、健身机构、影院、儿童游乐场等。但一直以来，预付式消费始终伴随着许多负面新闻，最常见的就是商家倒闭后的“追偿难”问题、消费者想要终止消费的“退款难”问题，以及消费者维权的“举证难”问题。这些频频“爆雷”的预付式消费，不仅让消费者望而却步，也严重影响了市场秩序。

而数字人民币在预付式消费场景下的使用将在一定程度上解决上述问题。举例来说，教培行业的预付式消费模式一直以来备受市场关注。预收学费被挪用、退费时间跨度久，甚至无良机构卷款跑路等问题，都成为教培市场的痛点。深圳福田落地全国首个预付资金数字人民币智能合约创新应用平台，并首选教培行业进行试点。消费者在该平台使用数字人民币缴费后，预付资金将被“冻结”在数字人民币钱包中，并按照上课次数等不同核销方式，通过数字人民币底层技术实现预付资金“一笔一清、一课一释”。当由于培训机构倒闭或者其他原因出现提前结课需求时，消费者可以随时提出退还预付款的申请。服务平台将快速计算出未核销金额后，向消费者账户退款（见图 5.13）。

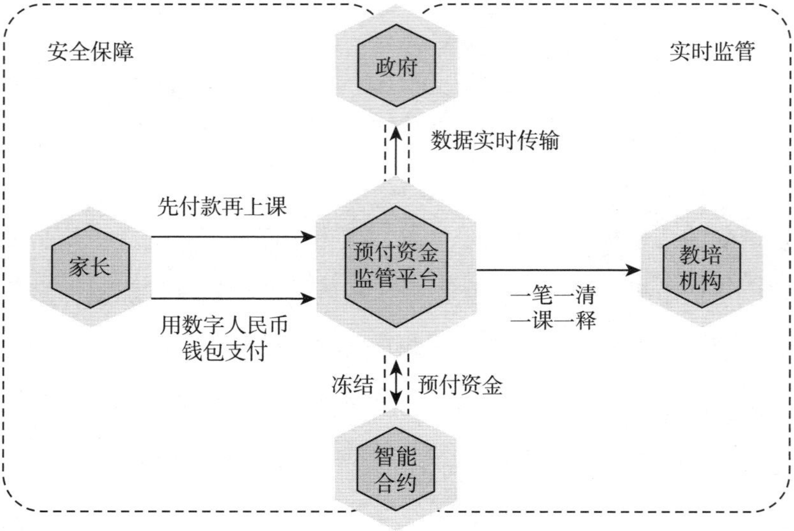

图 5.13　数字人民币预付式消费平台商业模式

（资料来源：笔者制作。）

数字人民币在预付式消费场景中的应用价值，其一体现在智能合约技术可以赋能监管手段，以达到预付交易信息完备、环节透明的目的；其二体现在对于消费者，数字人民币预付资金通过智能合约监管，具有不可篡改的特性，将获得预付资金的安全保障，可使预付款的风险降至最低，防止合法权益受到侵害；其三体现在对于预付式消费机构，数字人民币智能合约的应用可帮助其提供更好的消费体验，赢得市场、赢得消费者。

政府部门

转移支付新工具。2022 年 5 月 6 日中午，苏州市 32 岁的“饿了么”外卖小哥陈某收到了 100 元数字人民币。这是一项从 2 月 14 日起开始实施的社会关爱活动。苏州用市县两级党费，总计支出 580 多万元设立了一项“海棠暖心关爱金”，通过“苏周到”App 以数字人民币的形式，面向苏州持续参与一线保供、积极配合核酸检测等疫情防控工作的专职快递员、外卖配送员发放，发放对象 5.8 万余名，每人 100 元。事实上，数字人民币的中心化管理、银行账户松耦合、支付过程可回溯等特征，使它能够更好地帮助政府实现转移支付。在一些惠民项目中，民生资金如果以数字人民币的形式投放，可以体现两重优势：首先，这笔资金可以直接进入指定对象的数字人民币钱包中，并且资金流向可以受到全过程监管，从而杜绝了虚报冒领、截留挪用的可能性；其次，领取对象无须关联银行账户即可取用，降低了资金的获得门槛，也增加了资金的使用便利性。

打击违法犯罪行为。数字人民币有利于打击诈骗、腐败、洗钱、偷税漏税、恐怖组织融资等违法犯罪行为。由于央行发行的数字人民币依托区块链技术，具有安全性高、有限匿名、可追溯等特点。而传统现金一旦脱离金融机构，就难以追踪和监测，成为不法分子进行非法交易时的首选。随着数字加密技术和算法在数字货币上的应用，货币的来源、去向、支付金额及频率，甚至数字货币本身均可进行分析，一旦发现异常交易就可以追溯，有助于打击地下经济。对于一些政府人员的收入也可以做到定期核查，警戒权力寻租和腐败行为，有助于打击灰色收入。

提高金融监管效率。数字货币的流通和支付，弥补了金融监管制度的空白，有助于维护金融稳定。尤其是在互联网金融整治过程中，因产品设计复杂、存在资金池等问题，容易产生监管空白，增加了金融监管难度。数字货币很好地克服了互联网金融的多重风险，从而提升了金融监管效率：一是资金损失风险；二是客户信息泄露风险；三是局部金融风险向系统性风险蔓延。同时，央行—商业银行的发行流通体系，也可以基于数字货币，化解商业银行资本充足率低等难题，甚至协助宏观货币政策的实施。

提高监管透明度。传统货币体系存在货币传导效率不高，甚至资金集中流向房地产等领域的问题，增加了调控难度，但是在数字货币体系中，货币流动性被记录，有助于实现垂直化支付，从而提高监管透明度，提升资金使用效率。首先便是实现财政资金的专款专用；其次是可以监控商业银行资金投向，避免集中流向房地产等行业；最后是提高中央拨款的使用效率，实现养老金和社保的全国一体化管理，企业补贴和低息贷款也能流向更多中小微企业。

市场

刺激市场消费新利器。将数字人民币结合消费券以数字红包的形式发放，是目前试点地区较为普遍的做法。作为数字人民币试点城市的浙江金华，于 2022 年 5 月 16 日启动了为期一个半月的活动，向指定平台登记人员发放 3 亿元消费券①，用以进一步提振受新冠肺炎疫情影响的市场信心、释放消费潜力。在发放的消费券中，有 1.5 亿元为普惠消费券，任何本地持有营业执照的实体店都可以经过发券平台审核后参与活动；另外 1.5 亿元则为权重商品消费券，消费者中签后，仅可作为针对汽车、家电等权重商品的消费补贴使用。为推广数字人民币，在本次发放的普惠消费券中，将有 10% 以数字人民币红包的形式进行发放。红包均为“满 200 元减 100 元”券，由发券平台公开随机摇号产生红包中签者，中签者下载“数字人民币（试点版）”App 即可在试点场景内使用。

① 蓝媒联盟 · 金华广电融媒体 . 金华成省内首个发放数字人民币消费券城市 [EB/OL]. 快资讯，[2022-05-12] . https://www.360kuai.com/pc/99c940062f5ea2214?cota=3&kuai_so=1&sign=360_57c3bbd1&refer_scene=so_1.

第六章

数字人民币的机遇、风险与治理

数字人民币的试点与推广，涉及引导、宣传、培训及环境改造等诸多工作，是一项需要各方广泛参与的系统性工程。我国采取“先技术后制度”模式，央行主导数字人民币的研发与试点，商业银行、地方政府职能部门协同，尚无正式发行数字人民币的“具体时间表”[①]。这种模式虽有利于金融创新探索，却存在法律依据不足、各项机制缺乏立法支撑等问题。数字人民币面临着一系列机遇与风险，我国亟须制定与试点适配的法律制度，为数字人民币的试点及推广应用保驾护航。

① 数字人民币何时正式推出？央行：目前还无时间表 [EB/OL]. 中国经济网，[2021-04-13] . http://www.ce.cn/xwzx/gnsz/gdxw/202104/13/t20210413_36468 958.shtml.

第一节　数字人民币的发展机遇

制度保障

我国的政治制度和社会制度是推动数字人民币生态系统发展的最重要的制度保障，决定了中国的货币与金融系统是为人民和社会服务的，与当前以美元为主导的国际货币与金融体系所代表的全球私人资本利益存在本质上的不同。数字人民币既然是为人民和社会服务的，也就决定了它可以在公共部门主导下，在维护国家货币主权的基础上，积极参与全球金融、货币体系数字化转型与升级建设，推动人民币国际化发展，提升人民币国际地位。

技术保障

以区块链、大数据、云计算和人工智能为代表的高科技发展为数字人民币生态系统发展提供了技术支撑。我国金融科技水平现已位居世界前列，为数字人民币的发展在技术上提供了保障和支撑。数字人民币的技术方案采取动态演进体系，不预设技术路线，由市场竞争选择。数字人民币之所以采取动态的、竞争性的、多方案的双层技术与运营体系，一方面，旨在充分吸收金融科技发展的最新成果，保证数字人民币系统技术的先进性；另一方面，利用中国作为大国拥有的竞争与容错优势，避免技术选择错误对现行金融和货币体系造成重大影响和冲击。中国人口多、市场大，这是规模与体量相对较小的国家（甚至大部分发达国家）无法拥有的优势。数字人民币在竞争性动态演进的双层架构下，可以同时容纳多种技术方案，实施优胜劣汰的演进机制，既可以保证金融系统和金融生态环境的稳定发展，又可以促进技术在竞争性演化的过程中不断创新和完善，从而避免金融创新和新技术发展受阻①。

数字经济快速发展

数字经济已成为驱动我国经济高质量发展的重要引擎和国家战略。2021 年，数字经济规模达到 45.5 万亿元，同比名义增长 16.2%②，为数字人民币的发展提供了良好的经济环境和发展机遇。

---

① 黄国平 . 数字人民币发展的动因、机遇与挑战 [J]. 新疆师范大学学报（哲学社会科学版），2022，43（1）：129-138，2.

② 2021 年数字经济规模达到 45.5 万亿元 [EB/OL]. 中国网资讯百家号，[2022-07-11] . https://baijiahao.baidu.com/s?id=1738039836759961990&wfr=spider&for=pc.

数字经济的发展会加速数字人民币陆续在全国各地启动的试点和测试工作，也会加速开拓使用数字人民币的场景，自然也会加速数字人民币生态系统的发展。

经济贸易高质量发展

作为世界第二大经济体，中国的贸易规模一直处于较高水平。哪怕是受新冠肺炎疫情影响较大的 2020 年，中国的经济总量依然再创历史新高，突破了 100 万亿元人民币大关，占世界经济的比重超过 17%，全年 GDP 同比增长 2.3%，成为全球唯一实现经济正增长的主要经济体。在外贸方面，面对国内外的复杂形势及新冠肺炎疫情的严重冲击，中国全年进出口总值超过 32 万亿元，再创历史新高，成为全球唯一实现货物贸易正增长的主要经济体。2020 年 1—10 月，中国进出口、出口、进口国际市场份额分别达到 12.8%、14.2% 和 11.5%，较历史最高值分别提升 0.8、0.4 和 0.7 个百分点，货物贸易第一大国的地位更加巩固[①]。中国经济持续增长和高质量发展，为数字人民币助力人民币国际化发展和国际地位的提升，提供了坚实的经济基础，也为相关主体尤其是数字人民币的发展提供了机遇。

① 2020 年中国进出口规模创历史新高 [EB/OL]. 中华人民共和国商务部网站，[2021-02-10] . http://www.mofcom.gov.cn/article/i/jyjl/l/202102/20210203038236.shtml.

第二节　数字人民币面临的风险

数字人民币极大地提升了法定货币的安全性与效率，但其在发行与流通中仍存在一些潜在风险，呈现传统货币风险与新型风险交织的态势。

隐私泄露风险

个人数据与金融隐私的安全日益引发广大居民的关注和担忧。数字人民币具有可追踪性，能够识别个人数据，会使广大公民担心央行或商业银行等机构可能随时监测自己的信息与隐私。

数字人民币的应用将促进金融业务的数字化转型，必将在发行与流通中生产和沉淀大量个人数据。以小额零售支付为例，其交易数据具有“数据驱动”和“数据密集”的特性。央行、商业银行和支付机构能追踪和掌握个人财务信息、交易信息，甚至部分敏感信息。居民在办理支付业务时，部分信息会留存在数字钱包业务平台或 App 等载体中，极易泄露交易数据和金融隐私。数字人民币借助于分布式账本技术，其交易的处理和记录具有不可篡改性，虽提升了数据安全性和系统稳定性，却影响了数据隐私性。非许可型分布式账本透明度较强，任何配备相应程序软件和网络的人都可以接触到这类信息，容易成为第三方恶意攻击的目标；许可型分布式账本在参与者较多时，也容易成为恶意攻击的目标。在数字人民币的跨境支付应用场景中，跨境交易数据的安全问题尤为突出，需协调不同司法管辖区的数据交易规则与隐私保护政策。此外，Mt.Gox 失窃事件和以太坊去中心化自治组织（decentralized autonomous organization，DAO）被攻击事件触目惊心，暴露出区块链技术运用的潜在风险，引发了业界和社会公众对个人隐私与系统安全的担忧。

货币发行与流通的潜在风险

数字人民币仍将沿用我国现行的双层运营体系，虽然具有较高的安全性，但由于其保留现金的某些特征，仍可能存在挤兑、结构失衡等风险。

总量风险

中国人民银行依法实施对人民币的货币管理，其中一项重任便是保障 M0 的供给。中国人民银行根据各地现金发行与流通情况，对年度货币供应量做出决定，报经国务院批准后执行。如果现金供应量不足，出现数量短缺问题，可能会产生挤兑风险，使国内外金融波动。中国人民银行也会根据国务院批准的发行计划，依据市场需求确定数字人民币的发行量。因此，数字人民币在理论上存在总量风险，可能存在总体或局部“脱供”的现象。

结构性风险

现钞时常会出现结构失衡的现象，可能会引发现钞流通不顺畅的风险，实质上形成现钞贬值。我们常见的现金有纸钞与硬币两种，面值分别为 100 元、50 元、20 元、10 元、5 元、1 元、5 角和 1 角。零钞主要用来在日常支付中找零。大面额现金或小面额现金一般以一定的券别结构流通于市，其兑换比例应当为 1∶1。也就是说，一张 100 元的纸币可以兑换 2 张 50 元纸币，或 5 张 20 元纸币，或 100 张 1 元纸币，或 100 枚 1 元硬币。但在现实生活中，因交易差价、生意需要，大面额现金可能不会与小面额现金等值兑换。频频发生的不等值兑换，会使大面额现金与小面额现金的比例与数量失调，扰乱正常的货币流通秩序，甚至影响整个金融秩序。从试点实践看，数字人民币采用可变面额设计，一般能够避免现金的结构性风险。但倘若有个人或企业大规模地使用数字人民币交易，或者通过票据、银行卡或移动支付等支付数字人民币，就可能会产生数字人民币与现金、电子货币等的兑换，产生转账手续费等，由此导致流通货币的结构性风险。

货币管理的潜在风险

数字人民币是算法货币，可运用大数据技术与各类加密算法开展货币管理与货币业务，有助于减少业务差错、提升安全性能，但无法彻底规避潜在风险。

业务差错风险

银行职员在开展实物人民币业务时，可能会因过失而产生操作失误[①]，出现误付假币、挑剔残损币不合格等业务差错。比如，某商业银行柜面人员在挑剔钞票时粗心大意，误将几张残损币混入正常、洁净的现钞中。比特币等私人数字货币依托 PoW 共识机制，似乎将发行货币简化为“挖矿”，但其运营仅依靠网民信用维系，极易受各类事件的影响而大幅波动。数字人民币有央行的各类算法作保障，基本能杜绝人工操作失误带来的业务差错。不过，这并不意味着数字人民币万无一失。它作为人的造物，免不了会受到人为因素影响。如果数字人民币钱包、各类算法本身设计有瑕疵，很可能导致业务差错；金融机构职员在维护数字人民币钱包或数据库时，可能因操作失误产生差错。

① 姚前 . 理解央行数字货币：一个系统性框架 [J]. 中国科学：信息科学，2017，47（11）：1592-1600.

事故风险

事故风险与业务差错风险类似，都是职员在经办业务时产生的，都源于职员的故意或过失，但事故的损害后果更严重。例如，曾发生过几次运钞车侧翻事故，一般是车辆追尾等交通事故所致，有的未发生人员伤亡、人民币损坏或丢失，有的甚至有人员伤亡①。某运钞车在运钞途中，车门发生故障自动打开，导致几袋钱箱跌落，一些现钞被路过居民捡拾②。这些事故要么是人为因素，要么是客观因素所致，可见实物人民币在运营中存在很多不可预知、不确定的风险。

数字人民币实行“一币、两库、三中心”的架构，可以实现货币体系与管理的数字化转型，货币的发行与流通都将转化为数据流，可以避免实物人民币的运输流程，进而规避交通运输、装卸搬运、存放中可能发生的事故。只要算法无误、职员尽责、网络稳定、电力充足，数字人民币一般都能安全、稳健地运营。然而，新兴技术的应用、货币系统的维护，都对货币管理人员提出了更高的要求，不仅要求他们态度严谨、责任明确，更要求他们掌握科学方法与新兴技术。目前，中国人民银行数字货币研究所等机构已招聘大量技术人员，负责认证检测、技术攻关、场景支

① 运钞车遭追尾侧翻四脚朝天 车内三人被抛出 [EB/OL]. 新浪网，[2016-03-06] . https://news.sina.com.cn/s/wh/2016-03-06/doc-ifxqaffy3651267.shtml.

② 谢金月 . 运钞车掉钱路人捡 盗窃还是侵占？ [N]. 北京日报，2014-12-31（22）.

持等工作[①]。

新事物、新技术带来的风险

数字人民币可以避免假币等问题，但随之可能产生新的潜在风险。比如，一些不法分子利用“数字人民币”行骗。未来还可能出现利用新兴技术制售假“数字人民币”的情形。因此，我国仍需未雨绸缪，针对数字人民币的特征，前瞻性地规划案件防控体系的数字化转型。

可能产生的新型风险

数字人民币运用了新兴技术，将存在系统维护、安全保障、金融监管等难题，衍生出数字时代特有的新型风险[②]。

央行的声誉风险

央行需要保持支付价值链多环节的活跃度，为消费者交互、构建前端钱包、选择和维护技术、监控交易等提供便利，也应负

① 央行数字货币研究所发布大批量岗位，技术岗占比近 7 成 [EB/OL]. 链门户，[2022-01-23] . http://www.lianmenhu.com/blockchain-28062-1.

② ADRIAN T，MANCINI-GRIFFOLI T. The Rise of Digital Money [R/OL]. IMF FinTech Notes，[2019-07-15]：1-4.https://www.imf.org/en/Publications/fintech-notes/Issues/2019/07/12/The-Rise-of-Digital-Money-47097.

责反洗钱和反恐怖主义融资的监管。如果因技术故障、网络攻击或人为错误，在数据处理和个人信息保护方面产生问题，将会严重损害央行声誉。央行声誉一旦受损，将会削弱市场信心，弱化央行的独立性、权威性，也让货币政策传导机制受到负面影响。欧美国家央行迟迟不推出各自的法定数字货币，对央行声誉风险的担忧也算重要原因之一。

货币系统运行风险

数字人民币在发行、流通中会产生大量数据，如何保存、销毁和利用这些数据，是央行和金融机构面临的共同课题。数字人民币的流通也是信用创造的过程，其加载的智能合约虽发挥了精准施策的作用，但会产生与信用创造交互影响的潜在风险。智能合约依靠分布式账本发挥作用，需要快速、低能耗的共识协议。目前业界缺少二者兼顾的共识协议，不能满足货币及其衍生交易量的需求。标准化智能合约虽能防范网络攻击，却存在处理速度、组件架构等方面的缺憾；定型化的标准操作亦将导致合约与业务同质化。智能合约编程错误、遭到意外攻击将产生突发风险，预设的智能合约缺少应对机制，无法及时解决突发事件。如The DAO因代码缺陷被黑客攻击，遭受5500万美元损失。货币智能合约为每笔交易创建了不可改变的记录。这种特性与货币衍生业务融合，将会产生金融、科技与监管的融合风险。各类智能合约本身不完备，可能因错误编码和指令，引发不可撤销的操作风险。运用智能合约的交易双方可能会因恶意合约，产生有悖于期待交易的信用风险和法律风险。数字化的货币衍生活动涉及多个合约或不同合约的交互操作，可能会因智能合约的互联性导致连锁反应，使金融风险向其他分布式账本外溢，增加整个金融生态系统的复杂性及系统性风险。此外，智能合约在原生货币、衍生货币中的应用，存在引发金融危机的可能性。智能合约的瑕疵会侵蚀大量公私合同，引发信任危机；设计与构造的复杂性、代码的匿名性，使央行、监管机构难以评估风险；智能合约引发的金融风险传播之快，可能令央行或监管机构措手不及。这些问题与风险考验着央行、监管机构及市场主体的协同治理能力[①]。

新兴支付领域风险

法定数字货币的支付中存在着不少问题和风险。支付网络的复杂化、参与主体的多元化，容易产生互不相干、来源混同的交易，使央行或商业银行无法准确地判断货币交易去向和用途，破坏法定数字货币的溯源功能。数字货币衍生品和服务不稳定、不确定，容易产生合规风险和操作风险。在数字人民币试运行或初始阶段，法律制度不完善，政策不确定，存在技术研发、实施成本等风险。此外，数字人民币系统存在被恶意攻击、盗窃

① 景欣．法定数字货币中智能合约的构造与规制 [J]. 现代经济探讨，2021（10）：126-132.

等潜在的网络安全风险[①]，也存在复杂网络、业务互联互通等系统性风险。

与所有新兴技术的推广应用一样，数字人民币在研发、试点与全面推广中必然充满着机遇与风险。社会各界需要理性、辩证地认识问题，客观、科学地分析问题，更重要的是，探讨符合数字人民币特点的解决方案。

第三节　数字人民币的治理困境

2022 年 3 月 31 日，中国人民银行召开了数字人民币研发试点工作座谈会，对数字人民币的研发与试点提出要求[②]。数字人民币的发行、流通和监管与实物人民币差异甚大，现行法律制度存在很多空白，不仅难以对数字人民币发行流通进行有效监管，也难以有效规制相关违法犯罪活动。数字人民币的治理困境值得关注。

① 戚聿东，褚席 . 数字经济视阈下法定数字货币的经济效益与风险防范 [J]. 改革，2019（11）：52-62.

② 人民银行召开数字人民币研发试点工作座谈会 [EB/OL]. 中国人民银行网站，[2022-04-02] . http://www.pbc.gov.cn/goutongjiaoliu/113456/113469/4524364/index.html.

法律制度缺失

由于相关法律规定缺失，数字人民币存在法偿性无法律保障的问题。《中国人民银行法（修订草案征求意见稿）》虽规定了人民币的数字形式，却没有明确数字形式的范围与具体类型。我国虽启动了修法程序，却尚未确认数字人民币的货币地位，其法偿性尚未得到法律保障，无法有效整治现实生活中拒收数字人民币的情形。中国人民银行 2020 年出台文件整治拒收实物人民币的现象，但这些文件不适用于数字人民币。此外，我国也未构建起数字人民币法律框架，没有明确的立法目标。目前，试点城市已形成了较为成熟的做法，尚需从中总结归纳出相关法律问题与可行规则。

监管规则不健全

我国已在“十四五”规划中部署了数字人民币的发展建设，上海、深圳、海南、重庆等地发布了一些政策文件，对争取或开展数字人民币试点做出规划。数字人民币被写入《中国人民银行法（修订草案征求意见稿）》，央行亦在白皮书中提出“研究完善数字人民币相关规则”，推动相关法律法规的修订，研究相关管理办法。总体而言，全国各试点地区仍以政策引导为主，从中央到地方各级政府的文件大都是倡导性表述，或者在工作方案中谋划相关事项，没有具体工作安排，尚未形成法律规则体系。央行引导、监测各试点地区的有关金融活动，适用审慎监管相关文件，发布有关风险提示，尚未形成监管规则体系。我国已彻底禁止私人数字货币交易，由央行、银保监会与公安机关等部门按照职责分工监管相关活动。

重点问题无“法”可依

从试点情况来看，数字人民币的发行、流通与监管等都具有特殊性，尤其需要对个人信息处理、隐私保护、反洗钱和反假币等特殊问题予以回应。现行的反洗钱法、人民币管理条例、现金管理条例的规则仍具有浓厚的“铸币”思想，无法适用于数字人民币。

按照央行的顶层设计，我国设置了数字人民币的认证中心登记中心与大数据中心。数字人民币试点也适用“三中心”管理模式[①]，拟定的法律制度应当做出明确规定，构建起监管职责、人员配置、工作流程、权限范围、保密义务、问责机制等规则。数字人民币将促使支付业务向数字化转型。由于新兴支付业务发展迅猛，业务监管具有较强的技术性，新兴支付业务除适用民法典等

① 白津夫，葛红玲．央行数字货币理论、实践与影响 [M]. 北京：中信出版集团，2021：364-369.

基本法律外，其中的移动支付业务适用网络支付监管规章，二维码支付、聚合支付等业务适用央行监管文件，区块链技术适用相关技术规范。这些规则以自律和他律相结合，存在分布零散和效力位阶较低等特点。数字人民币的微观场景具有新兴支付业务的共性和特性，但我国目前缺乏针对不同支付场景的统合性和差异性的业务规范，尚未结合数字人民币的特性制定支付流程及安全保障措施。

第四节　数字人民币的治理路径

优化数字人民币治理体系

随着数字人民币试点的进一步扩容，加快制定相关规则已成为重要议题。我国应当首先明确数字人民币的目标，采取适当的立法方案，针对热点、难点问题逐步研究制定相关规则，以健全的规则体系不断加强对数字人民币的法治保障。

构建科学合理的法律框架

数字人民币的法律框架需解决目标、功能及重点问题。首先，明确数字人民币的目标和功能。按照我国央行的设计，数字人民币旨在替代部分 M0，为社会公众提供丰富的支付工具，促进零售支付的公平、效率与安全，兼具依照国际倡议改善跨境支付[①]。其长期目标是支持我国数字经济发展。因此，我国应当在法律框架中明确促进支付普惠与数字经济发展的目标。其次，采取成本较小的立法方案，顺应数字人民币及其业态发展。有学者曾比较过重新立法、全面修法和渐进式立法等方案，结论是渐进式立法比较符合我国的现实情况[②]。我国可由中央或地方制定区域性法律法规或业务规则，根据试点推进情况进行调适。待立法时机与条件成熟时，先制定中国人民银行规章或地方政府规章，再探讨制定《数字人民币管理条例》等行政法规，然后制定相关的配套制度。

健全数字人民币规则体系

我国需要结合数字人民币的特点制定相关规则。第一，结合民法典相关规定，针对混币、“双花”、迟延支付等情况，制定数字人民币确权登记等规则，解决数字人民币支付中的权利问题。第二，结合反洗钱、反假币与反恐怖融资等监管要求，制定适用于商业银行、支付机构等的行业合规制度，强化企业与职员的相

① 中国人民银行数字人民币研发工作组 . 中国数字人民币的研发进展白皮书 [EB/OL]. 中国政府网，[2021-07-16]：6-7.http://www.gov.cn/xinwen/2021-07/16/content_5625569.htm.

② 刘向民 . 央行发行数字货币的法律问题 [J]. 中国金融，2016，839（17）：17-19.

关义务。第三，结合数字人民币发行与流通中的数据要素配置特点，结合我国虚拟财产制度制定数据处理规则。按照新兴货币业务中的个人信息采集和使用特点，健全个人信息与隐私保护的规则与技术规范。第四，针对“三中心”管理模式，设置监管流程、范围等规则，完善数字人民币管理的问责机制，规范货币管理人员的监管行为。第五，全面修订涉及数字人民币各项业务的法律法规，形成规则互补、内容协调的法律体系。在立法技术上，我国可以借鉴国外相关立法与国际准则，善于借鉴与吸收国际实践经验，建立兼收并蓄、博采众长、立足本土的法律体系。针对跨境支付的特别情形，我国可以与国际组织、相关国家开展立法与监管合作，采取双边、多边方式解决国际支付问题。

修订《中国人民银行法》、人民币管理条例等基础法律法规，明确数字人民币的法律地位。修订现行货币管理制度和规章条例，填补相关规章条例空白、减少监管模糊地带，为数字人民币的发行、流通、管理和使用提供明确的法律依据和制度保障。着力解决数字人民币相关所有权转移、数据信息使用与隐私保护、反洗钱、预防犯罪和外汇管理制度等问题，以适应货币形态变革带来的新变化和新要求。出台具备可操作性的规章、规范性文件及操作细则，明确市场准入、支付结算管理等具体问题，保障数字人民币顺利落地。

夯实数字人民币应用基础

数字人民币生态系统的构建，还需要更多技术应用方面的支撑，以进一步增强普惠性和便捷性。例如，“双离线”功能需要在指定型号的手机终端安装具备离线支付功能的 App，而支持“双离线”支付功能的手机型号相对有限，在一定程度上制约了公众对数字人民币接受程度的提升，也就阻碍了数字人民币生态系统的建设。又如，可穿戴设备“硬钱包”的款式、种类有限，可视卡“硬钱包”存在显示屏字号小、清晰度不高、操作界面不够简洁等问题，不利于老年人和残障人士等特殊群体使用数字人民币。

短期内，我国应搭建货币的生成、发行等系统，促使数字人民币能够正常使用，实现数字钱包、支付系统等不同系统的互联互通，保障数字人民币的发行、流通、存储与应用安全。长期内，应鼓励商业银行、支付机构、设备商、IT 服务商等主体参与建设，解决数字人民币在创新场景和设备中的应用问题；构建物联网、智慧城市等领域的基础设施，提升系统的算力、兼容性、速度和安全性，增强数字人民币系统的国际竞争力。同时，要发挥中国人民银行在方案设计、技术评估、数字金融基础设施建设以及运营机构技术路线选择方面的领导作用，吸引更多的科技企业共同参与，给予技术支持，确保普适性的支付、清算和结算等基础设施高效运行，稳妥适应不断更新迭代的新兴技术[①]。

优化数字人民币监管水平

构建多部门、多层级协同的立体化数字货币监管体系，明确职责分工，避免监管交叉和监管缺位。例如，针对数字人民币在使用、流通、交易等方面的技术特征和可能出现的市场风险，央行应与银保监会、证监会、外汇管理局等部门分工合作。

建立监测预警体系与应急处理机制，及时识别和应对数字人民币在发行、流通过程中可能出现的新风险、新问题。创新监管模式和监管手段，运用监管沙盒、大数据、云计算等先进监管模式与手段，保持监管的开放性与灵活性，提升对数字人民币各种应用场景的监管能力。加强监管衔接与监管系统升级工作，调整和优化监管人才队伍。

加强隐私保护和风险防控

加强公众金融教育，在培养公众数字货币使用习惯的同时，防范以“数字货币”为名的金融诈骗及其他金融犯罪，高度重视

① 景欣．法定数字货币的支付场景前瞻及对策建议 [J]. 经济体制改革 ,2021（2）：164-165.

数据安全性，保护社会公众利益，维护数字人民币的公信力和影响力。强化对薄弱环节的监管和扶持力度，引导有序竞争和良性发展，防范和化解系统性金融风险。加强货币数字化可能导致的金融资产价格波动和关联风险监测，防止形成并及时切断可能引致的金融风险传导链。

应用篇

第七章

数字人民币的应用场景

要让数字人民币尽快融入百姓的日常生活，建设和拓展应用场景十分重要。从数字人民币的试点情况来看，其应用已囊括校园支付、“三农”帮扶、社区关怀、文化旅游、税费征收、日常出行、外卖餐饮、生活缴费等场景，几乎覆盖了人们生活的方方面面。截至 2022 年 7 月 20 日，采用数字人民币的交易累计约 2.64 亿笔。当前，数字人民币的应用场景建设显示出以下趋势：一是从之前侧重 C 端，向 B 端和 G 端（government，政府）拓展；二是逐步在产业互联网、跨境贸易、智慧城市、公共服务等领域推开；三是从小额零售向大额支付、跨境支付等领域延伸。

第一节　数字人民币应用的场景化

近两年，数字人民币应用场景扩大的新闻常常见诸媒体。金融语境下的“场景”意味着金融业务融入生活与业务。所谓数字人民币应用场景的扩大，其实就是数字人民币不断融入行政管理、商务经营和日常生活的过程。目前，数字人民币的应用虽以零售支付场景为主，却也在不断拓展到各种宏观与微观场景。

场景与金融场景

场景与应用场景

“场景”一词本意为电影、戏剧作品中的各种场面，由人物活动和背景等构成，后来泛指生活中的特定情境。随着客户特定需求的逐步增多，各行各业开始向场景化转变。例如，销售逐步向场景销售发展，依靠互联网，仿照真实环境，构建起应用场景。

应用场景主要是指特定类型的潜在客户在某个时间，某个地点，某种情绪、状态、动机下产生了某种需求，需要相应的产品来满足。拓展应用场景可以被视为企业的市场营销手段之一。假设要销售沙发，商家就会搭建起与沙发相关的场景，营造出一家人在客厅里，坐在沙发上看电视的其乐融融之景，给客户以温暖的感觉，从而增加沙发的销售量。

金融场景与支付场景

数字人民币的应用场景与金融场景化息息相关。我们先来了解一下什么是“金融场景”。“金融场景”或“场景金融”，指的是将金融服务融入各种常见场景，为用户提供基于场景的金融服务。近年来，我国着力打造的智慧政务、智慧社区、智慧医疗、智慧交通、智慧教育等场景，金融都可以在其中发挥重要作用，开拓出多元的金融场景[①]。

至于支付场景，则是支付与场景相结合的产物。用户所有行为，包括支付在内，涉及的金融服务与社交互动，都将融入具体的场景里。人们不会为了使用支付工具而去购物，而是在某个具体的消费场景里自然而然地使用各种支付工具，支付最终是为了满足消费者生活场景中的某个需求[②]。

数字人民币的应用场景

数字人民币运用于具体场景，其实就是使用数字人民币给人

① 杨哲，黄迈．场景金融：金融科技时代的银行服务转型变革 [M]. 北京：机械工业出版社，2021.
② 柴洪峰．对支付场景化的思考和探索 [J]. 中国信用卡，2017（10）：13-19.

们提供金融服务，比如运用数字人民币的小额贷款、公积金贷款、融资租赁等，用数字人民币缴纳车辆保险，都属于在具体的金融场景中运用数字人民币[①]。目前数字人民币在金融场景的拓展步伐明显加快，已在住房公积金、租房补贴及缴税业务等多领域落地[②]。

从目前的试点经验看，数字人民币主要适用于支付场景。理解数字人民币的支付场景，可以用美团支付做类比。艾媒咨询分析师指出，美团支付依托平台的大量高黏性用户以及丰富的场景布局，建立起相对完善的支付生态圈，支付业务与其他业务发挥协同效应，日益提升了其综合竞争力[③]。类比之下，数字人民币支付场景，就是将数字人民币支付融入衣食住行和社交活动[④]。搭建数字人民币的应用场景，不仅可以让更多的人用数字人民币购买产品，从而增进人们对数字人民币的了解，也能够测试数字人民币的系统稳定性、产品易用性等，为将来在更多试点地区推广、复制经验做好准备。

---

① 数字人民币使用场景持续扩容 累计授信已超千万元 [EB/OL]. 中国经济网百家号，[2022-07-14] . https://baijiahao.baidu.com/s?id=1738279362819471692&wfr=spider&for=pc.

② 李冰 . 数字人民币金融领域应用提速 多个应用场景“涉房”[EB/OL]. 新浪财经，[2022-06-15] . https://finance.sina.com.cn/money/lczx/2022-06-15/doc-imizmscu 6841341.shtml.

③ 移动支付场景细分多元化发展 成为社会主流支付模式 [EB/OL]. 光明网经济，[2020-08-31] . https://share.gmw.cn/economy/2020-08/31/content_34138397.htm.

④ 柴洪峰 . 对支付场景化的思考和探索 [J]. 中国信用卡，2017（10）：13-19.

数字人民币的支付场景概括起来可见图 7.1。

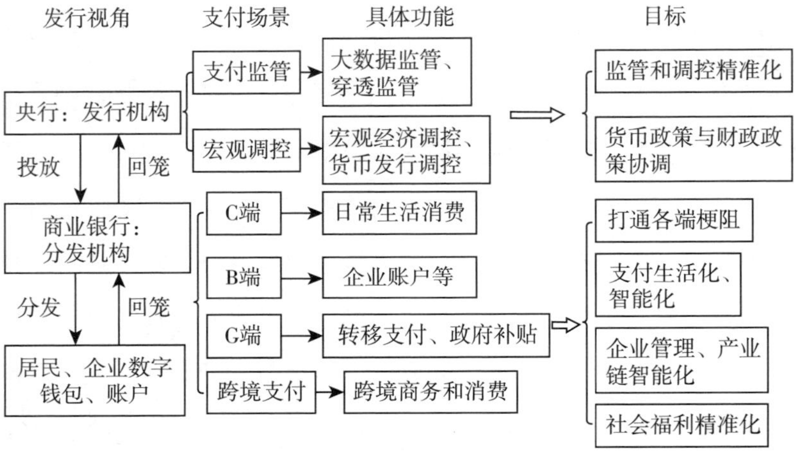

图 7.1　数字人民币的支付场景

（资料来源：景欣．法定数字货币的支付场景前瞻及对策建议 [J]. 经济体制改革 ,2021（2）:162.）

数字人民币的宏观场景

宏观场景下，数字人民币可促进零售支付系统与批发支付系统的融合，促使央行提升监管和调控效率。首先，央行等监管机构可依法实施穿透监管，以大数据手段提取数字钱包或账户中的数据，提升反洗钱和反假币的效率，更精准地监测和追踪货币的流向与使用情况。如果判断有可疑交易，可以采取冻结交易等措施。其次，央行可以施行宏观调控，以数据为支撑调控货币的投放、回笼和应用。数字人民币可以提升央行的宏观调控能力，使得实体经济得到更有效率的支持[①]。

数字人民币的微观场景

在微观场景下，C 端场景主要是指满足消费者的资金流转需求，促使日常支付便捷化。B 端场景主要解决企业银行账户限额、财务规则约束等难题，实现支付、资金管理和财务管理的数字化，促进企业资金流和供应链金融数字化。在 G 端，数字人民币将成为政府转移支付的新型工具，有助于更好地实施财政政策。在跨境支付中，数字人民币将提升跨境支付结算的速度和安全性，提升 CIPS 的运转效率，解决 SWIFT、CIPS 等系统耗时长及价格昂贵等弊端。各端都将随着数字支付系统的优化实现交互操作，形成多场景融合发展趋势[②]。数字人民币可以促进 C 端、B 端、G 端和跨境支付等的交互操作，同时覆盖生活缴费、餐饮服务、交通出行、购物消费、政务服务等多个领域，给企业、消费者提供支付便利，提升企业和政府的数字化管理水平。

中国人民银行发布的《中国数字人民币的研发进展》白皮书指出："数字人民币是一种零售型央行数字货币，主要用于满足国内零售支付需求。"因此在前几轮数字人民币的试点投放过程中，

①② 景欣 . 法定数字货币的支付场景前瞻及对策建议 [J]. 经济体制改革，2021（2）：161-166.

最先覆盖的就是零售消费场景。在这些试点场景中，数字人民币充分发挥了它的功能优势。下面将首先从消费者日常的生活服务场景入手，向大家讲述数字人民币的日常运用；其次，分别从政府、企业视角，补充数字人民币在这两大主体中的运用；最后，提出数字人民币在乡村振兴场景中的重要作用。

第二节　生活服务场景

数字人民币逐步渗透到生活场景中。人们在日常购物时，可以使用数字人民币进行支付；在缴纳水电气等费用时，也可以使用数字人民币。对于老年人或者残障人士，出于安全性与方便性考虑，数字人民币优于其他支付选项。甚至，数字人民币已经悄然进入校园，还逐步在跨境支付中崭露头角。

衣食住行

数字人民币的试点包括各类生活缴费、购买电影票等。上海市某试点小区居民，可用数字人民币买菜，支付物业费、停车费、快递寄件费用等[①]。长沙市民可以用数字人民币缴纳燃气

① 数字化人民币在上海社区试点应用，可支付物业停车快递费等 [EB/OL]. 澎湃新闻，[2021-04-17] . https://www.thepaper.cn/newsDetail_forward_12257069.

费[①]。北京、上海、深圳等试点地区的居民可使用数字人民币在美团平台预订电影演出票[②]。

购“衣”场景。2022 年 4 月 2 日，宁波某记者用数字人民币钱包购买了一件衣服，总计消费 149 元。服饰店店员只需要用 POS 机扫一下数字人民币页面，这笔交易就完成了[③]。如果对购买的衣服、鞋子等不满意，还可以线下无理由退换货。来自苏州的曹女士就体验了数字人民币的退钱流程。曹女士为老人购买了一双运动鞋，用数字人民币支付了货款，但老人觉得鞋子颜色鲜艳不合适，于是曹女士要求退货。商家将回款通过数字人民币对公钱包汇至退款专用钱包，全国首单数字人民币线下购物无理由退货全流程随之完成[④]。

自来水费用缴纳。缴纳水费是市民高频率使用的生活缴费场景之一。为方便广大市民，西安银行联合西安市水务集团在全市范围内率先创建数字人民币受理场景，让市民实实在在感受到数

---

① 陈斯斯 . 数字人民币亮相长沙！开通可领红包，你用了吗？ [EB/OL]. 澎湃新闻，[2021-03-26] . https://www.thepaper.cn/newsDetail_forward_11904944.

② 春节期间美团数字人民币交易量大增 [EB/OL]. 新浪财经百家号，[2022-02-11] . https://baijiahao.baidu.com/s?id=1724425913761609716.

③ 尝鲜！记者用数字人民币买了一件衣服 店员：你是第一单 [EB/OL]. 中国宁波网，[2022-04-03] . http://news.cnnb.com.cn/system/2022/04/03/030342723.shtml.

④ 全国首单数字人民币线下购物无理由退货完成 [EB/OL]. 苏州市人民政府，[2022-07-23] . https://www.suzhou.gov.cn/szsrmzf/szyw/202207/7e7a6b73d1024e3eb0c84e387336c696.shtml.

字人民币的便利。西安市民张某在工作人员的指导下，使用数字人民币办理了线上水费缴存业务，从输入金额到支付成功，过程顺利，毫无障碍。数字人民币在西安市缴纳水费场景的应用，不仅让西安市民拥有了多样化的支付方式，为其带来了更大的便利，还大力推动了西安市数字经济和智慧城市建设[①]。

绿色出行。公交、地铁、共享单车等，是都市生活的重要出行工具，其费用支付往往具有小额、高频的特点，而这恰恰是数字人民币试点测试的主要方向。数字人民币支付几乎已覆盖了各式各样的公共出行场景：在厦门、重庆、杭州、珠海等地，市民们可以用数字人民币乘坐地铁、公交车，或者使用共享单车。在福州、厦门、广州等地，高速收费处也可以使用数字人民币，其中福州和厦门两地的 74 个高速公路收费口已全部开通数字人民币支付方式，车主只需下载“数字人民币（试点版）”App，并确保钱包内有足够的余额，通过收费站出口人工车道缴纳通行费时出示钱包的付款二维码，由收费人员扫码，成功后便完成支付。收款速度非常快，且不受网络信号限制[②]。

“数字人民币 + 公共交通”的模式，能够产生十分积极的影响。第一，对于 C 端来说，消费者能够充分享受数字人民币在出行支付中带来的便利，在一些网络不佳的地铁站也能够顺畅地进

① 西安银行联合西安水务集团落地全市首个自来水数字人民币应用场景 [EB/OL]. 搜狐城市 – 西安搜狐号，[2022-06-08] . https://www.sohu.com/a/555305393_100185418.

② 福州厦门两地 74 个高速收费站全部开通新支付方式 [EB/OL]. 厦门晚报，[2022-04-27] . http://xm.fjsen.com/2022-04/27/content_31019799.htm.

行支付。第二，对于 B 端来说，在日常高频场景中发放数字人民币红包的方式，能够极大地刺激消费、带动交通线附近的商业活动、提振市场活力。第三，对于 G 端来说，政府在普及数字人民币应用的同时，可以利用数字人民币试点活动，指导企业、引导市民积极加入绿色出行的行列中。例如，成都市人民政府、中国人民银行成都分行联合主办了“绿色出行 低碳一夏”活动（见图 7.2），向市民发放了价值 1200 万元的数字人民币公共交通出行礼包，共计 10 万份，倡导公众使用公共交通出行，减少碳排放①。

图 7.2 数字人民币与绿色出行

（资料来源：成都第二轮数字人民币活动① | 成都将发 1200 万元绿色出行金，10 万个名额 [EB/OL]. 四川在线，[2021-07-02].https://sichuan.scol.com.cn/ggxw/202107/58202394.html.）

① 成都第二轮数字人民币活动① | 成都将发 1200 万元绿色出行金，10 万个名额 [EB/OL]. 四川在线，[2021-07-02] . https://sichuan.scol.com.cn/ggxw/202107/ 58202394.html.

美团利用数字人民币发展的契机，充分发挥了头部企业的带领作用，积极助力绿色出行。美团于 2021 年 9 月联合九地推出数字人民币骑行活动，上线第一个月就吸引了超过 100 万用户开立数字人民币个人钱包，累计产生 889.96 万绿色骑行公里数，与驾驶燃油车相比，同等运量下可减少碳排放量约 2400 吨。据统计，开立数字人民币个人钱包的用户，选择绿色出行的频次比普通用户平均高出 8.14%。2021 年 12 月，美团宣布进一步扩大数字人民币碳中和试点：在美团平台上，只要参与绿色低碳消费行为，都将获得一定数额的数字人民币奖励。

无感免密加油。苏州率先推出了“AI 无感加油”服务，消费者去苏州中国石化加油站加油时，既不用下车，也不用付款，只需要把开立的数字人民币钱包和车牌号进行绑定，并进行免密支付的电子账户签约后即可。当登记车辆进入中国石化的无感加油站点后，智能摄像头就可以及时识别出车牌号而锁定会员车身份。驾驶员只需将车子停靠在支持无感加油的油机旁，加油站工作人员会根据提示进行加油。加油完成后，系统将自动从绑定的数字人民币钱包中扣费，真正实现了“不下车、不开口、不进店、不付现”（见图 7.3）。

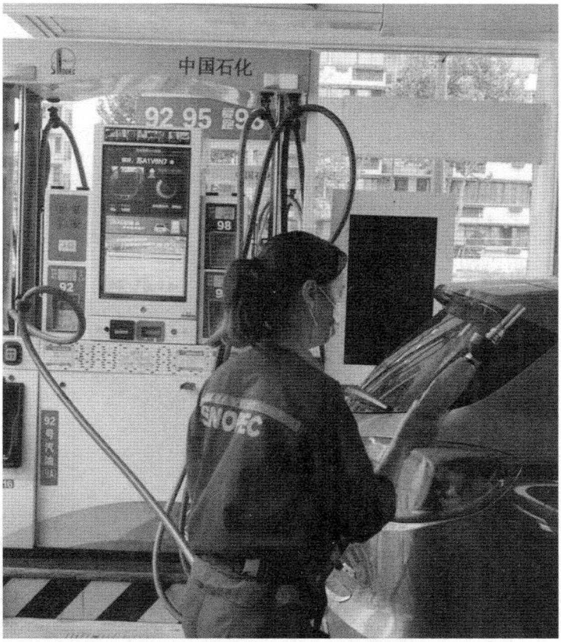

图 7.3　中国石化无感免密加油

（资料来源：不下车、不开口、不进店、不付现 江苏银行南京分行“AI 无感加油”打造智慧出行 [EB/OL]. 新华报业网网易号，[2021-12-17].https://www.163.com/dy/article/GREHO6310514TTJI.html.）

养老服务

在我们的日常认知中，老年人似乎很难对新兴支付手段感兴趣，但不得不承认，老年人也有数字零售支付需求，需要为他们提供易学、安全与便捷的支付手段。数字人民币的养老服务场景不仅看到了老年人的支付需求，还看到了他们可能会面临一些困难，于是出现了智能手环、电子证、胸卡等集支付与紧急情况通报功能于一体的数字人民币“硬钱包”。

老年智能支付手环。中国银行联手中国联通和“锦欣康养”养老院，将数字人民币融入智能手环，老人“碰一碰”即可轻松完成支付。智能手环也支持老人生命体征监测、高精度定位及紧急呼叫等。如此一来，不仅提升了养老院内部管理效能，也为老人提供了更加安全、方便的支付体验。

电子老年证。2022 年 12 月 28 日，全国首个融合数字人民币及交子特惠券的电子老年证在成都市锦江区投入使用。该证由中国银行四川省分行、四川联通联合研发。锦江区特殊困难老年人可以在全区范围内开通数字人民币结算功能的养老服务机构、交子特惠券合作企业和商家使用该电子老年证。也就是说，该证不仅拥有“老年证”的基本功能，还具备数字人民币以及交子特惠券的消费功能，同时还拥有精准定位和双向呼叫的功能，可用于紧急求救。此次电子老年证的发放，一方面凸显了数字人民币的多样性优势，方便老年人使用；另一方面也表现出了数字人民币的可拓展性，未来与更多行业应用的结合将成为创新方向①。

智能胸卡。北京某养老服务集团推行了智能胸卡。智能胸卡

---

① 成都数字人民币试点“多点开花”：除了红包，多家银行还探索了这些应用 [EB/OL]. 四川在线，[2021-03-09] . https://sichuan.scol.com.cn/ggxw/202103/ 58078418.html.

集合了数字人民币小额支付、紧急呼叫、电子围栏、轨迹查询等多种服务功能，能够实时定位行程，遇到紧急情况可以一键呼叫紧急联系人，也可以按 SOS 键，系统的后台工作人员可以采取紧急措施，迅速定位找到老年人①。

文化旅游

旅游已经成为人们假期休闲放松的主要方式之一。在丰富的数字人民币消费场景下，有了数字人民币红包的加持，市民游客纷纷开启了数字人民币文旅消费体验之旅。数字人民币对于消费新业态的撬动作用已经显现，尤其是在餐饮、旅游等细分业态，对疫情时代的拉动内需和经济再增长有积极作用。

海南案例。旅游业是海南最具优势、最具特色的支柱产业，数字人民币的推广也率先选在和旅游业态息息相关的景区、免税店等场景。目前，位于海口的海南热带野生动植物园、全球消费精品（海口）免税城、皇马假日等均实现了数字人民币支付。其中，皇马假日旗下 7 家连锁门店均实现了数字人民币支付功能，可实时到账。在免税购物方面，也实现了数字人民币全场景支付。在免税店，很多体验者对数字人民币给予了认可，因为其具备实

① 数字人民币首个养老服务场景落地 [EB/OL]. 老杨说链企鹅号，[2021-09-10] . https://new.qq.com/omn/20210910/20210910A0DKYO00.html.

时到账、“碰一碰”可交易、提现没有手续费等特点[①]。

深圳案例。深圳市民水先生首次尝试了春秋航空与合作银行共同在“春秋航空”App上推出的数字人民币支付业务，使用数字人民币下单支付，购买了一张从上海飞往深圳的单程机票，成为全国首张数字人民币支付机票的持有者[②]。

同样在深圳，在2021年南山荔枝文化旅游节期间，南山各大旅游景区的门票以及周边商户都可以使用数字人民币支付。深圳建行还携手南山各景区开展了数字人民币优惠补贴活动，游客在2021年8月31日前使用建行卡绑定数字人民币钱包，就可以享受在深圳野生动物园购买门票满100元减50元，在青青世界购买门票满40元减20元的优惠活动[③]。

上海案例。都市观光巴士一直是游客游览上海的首选方式。观光巴士的行驶路线多是市区繁华地段，人员密集、高楼林立，在节假日，外滩、南京路步行街等区域，因为客流量较大、网络信号不好，市民游客经常遇到支付卡顿等问题。而游客通过“数字人民币（试点版）”App，使用账户中的数字人民币扫码付款，

① 旅游、购物、餐饮……海南交行推动数字人民币在多个场景加速落地 [EB/OL]. 中经海南搜狐号，[2021-05-20] . https://www.sohu.com/a/467542329_117407.

② 春秋航空收获全国首个数字人民币机票订单 [EB/OL]. 东方财富网，[2021-04-26] . https://finance.eastmoney.com/a2/202104161887522953.html.

③ 南山景区迎来数字人民币礼包 [EB/OL]. 深圳商报搜狐号，[2021-06-23] . https://www.sohu.com/a/473556621_121010226.

即可实现离线支付，在没有网络的情况下也可付款①。

旅行平台直播间案例。携程旅行率先在直播间引入了数字人民币支付方式，“80后”关先生和众多赶来尝鲜的年轻人一样，成为旅游场景下数字人民币支付最早的一批用户之一。关先生选择了携程直播间推出的一套“望山居别墅套餐”，点击产品链接，使用数字人民币完成支付，整个过程体验便捷、流畅。统计数据显示，不少“80后”“90后”用户在携程直播间用数字人民币支付购买了酒店产品，且酒店类型多数属于高星酒店②。

就医看诊

数字人民币逐步向医疗卫生场景渗透，覆盖门诊结算、住院结账、在线缴费等，患者就医体验不断提升，就医效率也不断提高。

上海同仁医院案例。上海同仁医院搭建数字人民币使用场景时分“两步走”：第一步是打通生活支付场景，第二步是打通医疗支付场景。生活支付场景指的是借助于邮储银行的技术，职工可在食堂使用数字人民币“硬钱包”，实现点餐、消费、支付一站式体验。试点以来，全院近千名员工已开通了数字人民币账户，大

---

①② 数字人民币带你走进新消费、新场景、新业态 [EB/OL]. 新浪财经百家号，[2021-08-27] . https://baijiahao.baidu.com/s?id=1709226011948039054.

家对数字人民币的接受程度也比较高。之后是打通医疗支付场景，由医院信息科与财务科牵头重点推进。经过 3 个月的开发与测试，目前覆盖两个院区，门急诊的近 20 个收费窗口均已支持数字人民币支付。市民就诊只需出示数字人民币付款二维码，即可扫码支付诊疗费用，又增加了一个便捷、安全的支付方式①。

在疫情防控常态化背景下，通过优化支付来方便患者，成为一项便民举措，数字人民币在医疗场景支付的应用，为患者带来了极大的便利。未来，上海同仁医院还将围绕大健康产业发展，充分利用数字人民币安全可靠、实时结算、支持双离线支付等优势，进一步在身体检查、停车缴费等支付场景扩大试点。

广东省人民医院惠福分院案例。广东省人民医院惠福分院落地数字人民币的医疗场景应用，全面覆盖了门诊就医线上和线下支付、互联网医院就诊缴费、住院押金缴纳及结账缴费三大场景，并于 2022 年 5 月 5 日实现了首位患者的支付。首先，患者可以运用数字人民币实现门诊就医的线上支付或者线下支付。线上支付是通过广东省人民医院官方微信公众号，调出需要付款的诊疗单，选择“支付”，就可以看到支付方式中已有“数字人民币”这一选项，直接点击就可以使用数字人民币支付了。线下支付则是到缴费窗口运用二维码完成支付。其次，患者还可以选择“云就医”。

① 左妍 . 数字人民币首个医疗场景支付功能在上海同仁医院落地 [EB/OL]. 移动支付网，[2021-04-09] . https://www.mpaypass.com.cn/news/202104/09093727.html.

在广东省人民医院5G互联网医院的数字人民币支付功能也一并上线——完成在线问诊、续方后，点击缴费，同样可以使用“数字人民币”进行支付。最后，患者还可以运用数字人民币完成住院费用的支付。在住院押金缴纳、离院结账时，只要打开“数字人民币（试点版）”App，就可以在入院押金、出院结算、病区结算等支付环节畅通使用数字人民币①。

温州医科大学附属第一医院案例。温州医科大学附属第一医院作为浙南闽北赣东区域龙头医院、浙江省级区域医疗中心依托医院，医疗服务辐射人口近3000万人，其信息化和数字化建设走在国内同行前列。医院大力推进落实数字人民币的应用，分别与工行、农行、中行、建行、温州银行、瓯海农商银行六家金融机构签订了数字人民币合作意向书，成为温州市首个数字人民币应用场景覆盖的医疗机构，率先开通医疗场景支付。进一步，温州医科大学附属第一医院计划持续落实数字人民币的推进工作，积极深挖数字人民币在医疗支付场景中的应用，如诊间付款、预存款缴纳等。同时，推进数字人民币在“先看病，后付款”就医模式中的使用，助力搜寻“未来医院新形态”，打造“数字化、智能化、信息化”的智慧院区建设新模式②。

---

① 广东首家医院启用数字人民币[EB/OL]. 中国新闻网，[2022-05-05]. https://www.chinanews.com.cn/cj/2022/05-05/9746866.shtml.

② 温州首个数字人民币医疗支付场景 落地温州医科大学附属第一医院[EB/OL]. 温州市人民政府网站，[2022-04-21]. http://www.wenzhou.gov.cn/art/2022/4/21/art_1217829_59162425.html.

校园生活

校园生活场景属于特色化应用场景。一方面，大学校园内的消费与师生的日常生活关系紧密，具有高频且固定的特征，与智慧校园的建设能够有机融合。另一方面，大学校园中的年轻群体更容易接受数字化新生事物，还有可能产生校园之外使用的“溢出效应”。

北京航空航天大学案例。目前，北航校园支付平台数字人民币功能支持用户线上扫码、商家线下扫码、免密支付、移动端页面等多种支付方式，并已完成了数字人民币钱包监管职责、流水对账、自动账务处理的工作体系构建工作，已开通数字人民币的个人用户均可通过北航校园支付平台支付相关校园费用。结合数字人民币的银行账户松耦合和支持双离线工作等特点，北航校园支付平台的建设从实质上推动了校园支付全场景覆盖进程，进一步落实了“无直接接触”服务要求，加强了校园绿色支付能力，持续推动了“无现金校园”建设；有效解决了部分外籍学生无法线上支付、离线终端支付异常等痛点难点问题；有效落实了校园普惠金融要求，推动构建了校园绿色金融格局，逐步完善了新型校园支付体系。未来在安全合规的前提下，数字人民币奖学金等补助发放或可成为新的应用领域①。

---

① 光明日报客户端：北航校园支付平台顺利接入数字人民币功能，为全国首家高校 [EB/OL]. 北京航空航天大学新闻网，[2021-07-24] . https://news.buaa.edu.cn/info/1006/53835.htm.

第三节　公务行政场景

对于公务、政务而言，数字人民币是一个好帮手。众所周知，过去由于收费系统等原因，很多政务场景的收费有“只收现金”的传统，在移动支付和互联网技术不断发展的背景下，很多时候很不方便。数字人民币的出现则一方面保证了法偿性，另一方面更加符合公众的支付需求。现在数字人民币频繁落地政务场景，数字政务空间广阔。目前，数字人民币在政务领域的主要应用范围包括单位或个人缴纳社保、单位缴存住房公积金、税费缴纳、补贴发放等①。

缴纳税费

数字人民币缴纳税费应用场景迅速拓展，涉及交纳住宅专项维修资金、缴纳保费、缴纳个人所得税等诸多方面。实践表明，使用数字人民币缴税缴费有许多优点：首先，操作流程简便，效率更高。以数字人民币缴税为例，支付税款无须经过第三方平台

① 王柯瑾.从C端到G端 数字人民币多场景赋能[EB/OL].新浪看点，[2022-06-18].http://k.sina.com.cn/article_1650111241_625ab3090200141j8.html?from=news&subch=onews&sudaref=www.baidu.com&display=0&retcode=0.

中转，流程更快、隐私性也更强。其次，能够降低缴纳税费的制度性交易成本，提升体验感受。数字人民币不再有开户网点的概念，可以有效满足纳税人跨省异地缴税、未签订扣款协议等特殊业务需要，不会在跨行、跨地区资金流转过程中产生任何服务费和手续费，能够有效减少纳税人跨省异地签订三方协议扣缴税费的成本支出。最后，是基于数字人民币“小额匿名、大额依法可溯”的特征，缴纳税费的资金流向能够被征管系统依法依规进行记录和监管，为“精细服务、精确执法、精准监管”提供了技术支持。

在政务服务场景中，数字人民币在税费缴纳环节的应用开始出现在越来越多的试点地区。2021 年 11 月初，来自香港、在深圳创业的陈先生，在深圳市前海税务局办税服务厅申报了 9 月份的个人所得税，并成功使用建行数字人民币钱包缴纳了税款。实现了港人缴税的成功，也是全国首个支持全税种、数字人民币全运营机构的纳税创新场景（见图 7.4）。2021 年 11 月 1 日，在北京东城区税务局设立于体育馆路街道的出租房屋委托代征点，市民杨先生通过所持有的数字人民币缴纳了一笔个人出租自有住房所对应的税款，并成功开具出了增值税发票。

雄安新区试点案例。从 2021 年 11 月 19 日开始，雄安新区开始试点数字人民币“财税库银 T+0 模式”缴税入库业务和数字人民币网点缴税业务，并于 12 月 6 日在工商银行河北雄安分行完成投产上线。雄安新区选定了四个纳税人、缴费人办理频度高、涉

图 7.4　数字人民币纳税

（资料来源：首例港人数字人民币缴税背后，这个纳税场景还有哪些创新突破？[EB/OL]. 移动支付网，[2021-11-03].https://www.mpaypass.com.cn/news/202111/03170102.html.）

税业务量大、便捷度感知明显的样本场景开展先期测试，实现了首笔数字人民币“财税库银 T+0 模式”缴税入库。[①]

湖南试点案例。2021 年 6 月，湖南出台了《湖南省关于进一步深化税收征管改革的实施方案》，结合省会长沙数字人民币的试点工作，对税费缴纳、医保、社保缴费等数字人民币场景进行了积极探索。同年 12 月 24 日，湖南跳马园林有限公司的会计曾女士通过湖南省电子税务局，使用数字人民币成功缴纳了当期各项税费 4502.35 元。这是湖南在数字人民币税务端线上缴税支付场景的首次成功应用，标志着数字人民币税款缴纳工作在湖南全面“解锁”。据悉，湖南试点的数字人民币缴税流程十分简单，纳税

① 雄安首笔数字人民币缴税业务成功落地 [EB/OL]. 雄安发布澎湃号，[2021-11-29] . https://www.thepaper.cn/newsDetail._forward_15602466.

人只需开通数字人民币钱包，通过湖南省电子税务局、手机银行App或网上银行、税务大厅、银行柜台四种方式中的任意一种，兑入数字人民币，办理数字人民币缴税签约，即可进行申报缴税。相关款项从缴纳到国库入库对账全流程，均通过数字人民币流转①。

海南海钢集团试点案例。2022年1月18日，海钢集团通过工商银行昌江县支行数字人民币对公钱包向昌江县税务局进行了一单1.043亿元的大额数字人民币缴税业务，这是昌江县首单、海南自贸港单笔最大数字人民币缴税业务。该单业务是数字人民币试点和推广方式的具体应用，是海南省国有企业数字化转型的具体实践，是企业助力自贸港数字经济发展的具体行动，也是海钢集团加快转型发展的具体成果②。

北京租房委托代征缴税案例。北京东城区出租房屋委托代征点收到了首笔使用数字人民币缴纳的个人因出租自有住房所对应的税款，并成功为纳税人开具了增值税发票。北京市税务局相关工作人员表示，用数字人民币缴纳税款既满足了纳税人支付结算的即时性，也提升了纳税服务的便捷性。“出租房屋委托代征税款”是本市试点使用数字人民币缴税的突破口，至于其他地点和

① 全国首个！长沙“解锁”数字人民币全场景全流程纳税缴费[EB/OL]. 洞庭湖边那些事儿搜狐号，[2021-12-27]. https://www.sohu.com/a/511903914_121106908.

② 1.043亿元！海钢集团落地首单大额数字人民币缴税业务[EB/OL]. 网易新闻，[2022-01-08]. https://c.m.163.com/news/a/GU0VJH7M0514B5VB.html.

其他环节的使用权限，税务部门也将陆续升级开放[①]。

重庆企业缴税案例。2022 年 6 月 1 日上午，在重庆市九龙坡区，圣象装饰材料有限公司使用工商银行数字钱包完成缴税 3009 元，成为重庆首位使用数字人民币缴税的纳税人，标志着数字人民币缴税业务场景在重庆正式落地[②]。

浙江兰溪市案例。兰溪市澳峰进出口贸易有限公司通过网上银行绑定数字人民币对公钱包，在国家税务总局兰溪市税务局工作人员的指导下，成功签订了三方扣税协议，顺利完成一笔印花税扣缴。这也标志着兰溪首单数字人民币缴税业务成功落地[③]。

缴纳社会保险

陕西省案例。邮储银行陕西省分行推出的数字人民币“社保医保缴费”功能经过 15 天系统监测试运行，正式上线投入使用，成为陕西省首家能够使用数字人民币缴纳社保的银行。陕西省的城乡

① 多地数字人民币试水“缴税”提升便利度同时有助打击逃税漏税 [EB/OL]. 金融界企鹅号，[2021-11-03] . https://new.qq.com/omn/20211103/20211103A0AV NT00.html.

② 郭欣欣 . 数字人民币缴税业务场景在重庆落地 [EB/OL]. 重庆商报企鹅号，[2022-06-01] . https://new.qq.com/omn/20220601/20220601A0DCU200.html.

③ 市税务局：全程无接触 安全更快捷 兰溪完成首笔数字人民币缴税业务 [EB/OL]. 兰溪市人民政府，[2022-07-19] . http://www.lanxi.gov.cn/art/2022/7/19/art_1229288165_59259146.html.

居民或灵活就业人员登录邮储银行的手机银行，就能够看到缴纳养老保险费或医疗保险费的选项，然后选择数字人民币支付方式即可完成。缴费过程简单且清晰，公众足不出户就能够办理业务[①]。

青岛市案例。青岛市税务局已于2021年6月启用数字人民币缴纳社会保险费。目前已在工商银行、交通银行、农业银行、建设银行进行试点，适用于缴纳灵活就业、城乡居民社会保险费的个人缴费。

成都市案例。在人行成都分行营管部和成都市税务部门的多次指导下，中国农业银行成都分行打造的代征社保数字人民币缴费项目成功落地。成都的邓某开通数字人民币钱包后，在锦江区税务大厅现场体验了使用数字人民币缴纳社保费项目。邓某通过"农行掌银"App，依次找到"生活"版块—"生活缴费"—"政府非税"—"非税缴费平台"，输入缴费缴款编码，再使用数字人民币完成社保支付。最终邓某成功缴纳1242元的社保费[②]。

深圳市案例。与以上三个个人缴纳社保费用的案例不同，此案例是海南某公司深圳分公司使用数字人民币缴纳11月社保费，共计140562.94元（见图7.5）[③]。

---

① 数字人民币"社保医保缴费"上线[EB/OL]. 新浪科技，[2022-07-19]. http://finance.sina.com.cn/tech/roll/2022-07-19/doc-imizmscv2390362.shtml.

② 成都落地数字人民币缴纳社保业务[EB/OL]. 移动支付网，[2022-03-23]. https://www.mpaypass.com.cn/news/202203/23105353.html.

③ 深圳晚报：深圳首笔数字人民币缴纳社保费落地[EB/OL]. 国家税务总局深圳市税务局，[2021-11-23]. https://shenzhen.chinatax.gov.cn/ftqswj/gzdt/202111/084cc71a7efa433cb7d06da59d79cd53.shtml.

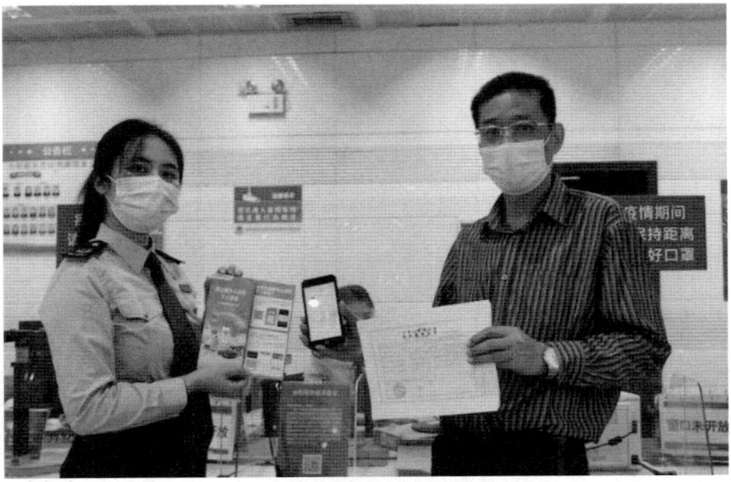

图 7.5 缴纳公司社保费用

（资料来源：深圳晚报：深圳首笔数字人民币缴纳社保费落地 [EB/OL]. 国家税务总局深圳市税务局，[2021-11-23].https://shenzhen.chinatax.gov.cn/ftqswj/gzdt/202111/084cc71a7efa433cb7d06da59d79cd53.shtml.）

缴纳住房公积金

深圳市福田区率先设立“数字人民币 + 公积金”银行专窗。推进用数字人民币缴纳住房公积金的举措，对进一步完善数字人民币在公务行政场景中的运用、建设数字人民币生态体系具有重要意义。

2022 年 7 月 20 日，深圳一名灵活就业人员以数字人民币支付的方式成功缴存住房公积金。他需要做的，只是开通数字人民币钱包；然后登录“深圳公积金”小程序，在“个人汇缴”选项处办理当月汇缴时，缴存方式选择“数字货币”，提交后将自动跳转至银行数字人民币支付界面，根据提示进行支付即可。成功支付后会自动返回公积金服务，公积金系统将做自动入账处理[①]。

缴纳诉讼费

近年来，苏州某地区法院紧跟数字经济发展和数字人民币试点工作步伐，联合苏州市数字金融研究中心，积极与相关网络安全管理单位、办案系统维护公司加强协调合作，委托相关银行进行技术测试，实现了数字人民币与法院办案系统以及银行信息系统的无缝对接，实现了“一人一案一账号”，将数字人民币支付方式融入司法领域，在诉讼费缴纳场景落地应用。

当事人通过专有的虚拟账户进行扫码缴费后，款项可以实时、安全到达法院主账户，并自动对应到相应的案件，确保了案、款、人精准对应。由此带来了两大利好。一是法院账务管理方面，大幅提高了办案效率和案款管理的规范性。“一案一码”上线后，立案即可实时生成案件专属的数字人民币缴费二维码，既保证了案款管理规范性，也免去了后期人工匹配工作，极大提高了办案效率。二

① 数字人民币可缴存住房公积金 [EB/OL]. 新华网广东频道，[2022-06-21] . http://gd.news.cn/newscenter/2022-06/21/c_1128760193.htm.

是在当事人缴费方式方面，二维码线上支付摆脱了时间和距离的限制，缴款人可以随时随地使用数字人民币进行支付，节省了大量时间成本，极具便利性[①]。

发放财政补贴

随着数字人民币试点的逐步深入，各地政府开始运用数字人民币发放财政补贴资金。若用数字人民币发放政府的扶贫款、救济款、农林牧渔业等各项补贴，则能够保证直达到户，能够改变过去传统的逐级下发模式，防止出现政府专项补贴落实不及时、不到位、层层设卡、擅自截留挪用等乱象，提高政府专项补贴资金到位的及时性和精准度。还能够进行精准追踪，了解掌握各项专用资金的发放进度及使用情况。用数字人民币发放财政补贴资金具体形式有政策奖补资金、稳岗补贴、人才补贴等。

陕西西安案例。西安市于 2020 年出台《加大金融支持力度、有效应对疫情、促进经济平稳发展若干措施实施细则》，以十条措施引导金融机构加大信贷支持、降低信贷成本，帮助企业特别是中小微企业有效应对疫情造成的不利影响。西安的此次政策奖补资金首次以数字人民币形式发放。西安市金融工作局，携手西安

① 全省首个数字人民币缴纳诉讼费场景落地 相城法院服务群众再添“新招”[EB/OL]. 苏州市相城区人民法院澎湃号，[2021-12-17] . https://www.thepaper.cn/newsDetail_forward_15897836.

银行，向西安市 18 家金融机构、3 家融资担保公司的对公钱包成功发放约 562 万元数字人民币政策奖补资金①。

浙江杭州案例。2022 年 6 月，浙江首笔数字人民币惠企资金，已通过“亲清余杭”企业综合服务平台支付成功。该笔惠企资金系“2022 年影院纾困补助”项目资金，额度为 9.5 万余元，由中国工商银行余杭支行向杭州保利影城有限公司余杭分公司秒速拨付到位。在这个过程中使用数字人民币，可提高补贴资金拨付效率，强化资金溯源监管，使整体政策资金拨付流转更加透明。整个发放过程非常顺畅，实现了“秒到账、零手续费”，对方企业之前已早早设立了对公数字钱包 ID，这次办理数字人民币拨付，也根本不需要对方企业实地到银行来，工作人员通过线上远程指导即可办结。此外，数字人民币用于线上线下各类支付环境，能够尽量减少技术因素、通信网络覆盖因素等带来的使用障碍，更好地服务公众支付的安全应用要求②。

上海案例。上海市青浦区人力资源和社会保障局成功通过建行柜面代发系统，首次以数字人民币形式发放了 300 余万元的企业人才补贴奖励。此次人才补贴的发放工作是上海落实城市数字

① 全省首笔数字人民币财政补贴资金发放 [EB/OL]. 陕西省人民政府官网，[2021-10-08] . http://www.shaanxi.gov.cn/xw/sxyw/202110/t20211008_2192936.html.

② 浙江首笔数字人民币惠企资金支付成功 助力影院纾困 [EB/OL]. 杭州网，[2022-06-06] . https://news.hangzhou.com.cn/zjnews/content/2022-06/06/content_8273407.htm.

化治理、应用数字人民币方式兑付人才补贴的一次探索[①]。

第四节　企业应用场景

企业也开始探索数字人民币的应用场景，主要有办理企业业务与发放员工工资等。例如，2022 年 5 月 31 日，厦门诚泰小贷公司通过建行厦门分行发放 9 万元数字人民币贷款；同年 6 月 3 日，青岛聚量融资租赁向青岛爱尔家佳新材料公司以数字人民币形式放款 400 万元，落地数字融资租赁业务[②]。

企业间结算

燃油贸易企业案例。2021 年 3 月 15 日，辽宁省大连市两家燃油贸易企业通过数字人民币支付方式在航运产业数字平台上完成一笔燃油交易的结算业务，这是中国首笔用数字人民币来实现

① 上海首次以数字人民币形式发放企业人才补贴奖励 [EB/OL]. 东方网，[2022-07-20] . http://news.eastday.com/eastday/13news/auto/news/china/20220720/u7ai10187835.html.

② 科普 | 数字人民币应用场景盘点 [EB/OL]. 交子链讯百家号，[2021-09-03] . https://baijiahao.baidu.com/s?id=1709870454321741572&wfr=spider&for=pc.

B2B[①] 的支付结算。此次 B2B 线上平台试点项目上线试运行，是由中国邮储银行联合大连德泰控股有限公司、辛特数字科技集团共同合作开展。相关负责人员表示，企业对公转账以往要通过银行对公窗口或者网银，而使用数字人民币支付即结算，实时到账不再受限于工作时间，且企业财务系统与数字人民币系统账单无时间差，无须排查、修正等操作，提高了企业效率[②]。

京东案例。京东使用数字人民币向其供应商紫光数码、重庆新日日顺支付货款，还实现了数字人民币的跨行结算——京东通过在交通银行开立的数字人民币钱包，向紫光数码在中国银行开立的数字人民币钱包进行了对公结算，探索了数字人民币在企业支付场景的应用。此外，京东已实现第三方商家接入数字人民币系统，成为全国首批支持“自营 + 第三方商家”使用数字人民币的企业[③]。

京东企业业务旗下京东慧采、京东企业购可在不改变企业采购流程的基础上，将采购流程中下单、支付、认款、发货等操作，通过系统建设实现线上化、自动化，为数字人民币在企业端的应用提供载体。企业用户在京东企业业务进行采购并完成支付后，依托数字人民币的实时到账功能及系统提供的实时核销等功能，

① B2B（Business-to-Business 的缩写），指企业与企业之间通过专用网络或互联网，进行数据信息的交换传递、开展交易活动的商业模式。

② 中国首笔数字人民币 B2B 支付结算在辽宁大连完成 [EB/OL]. 中新网，[2021- 03-15] . https://www.chinanews.com.cn/cj/2021/03-15/9432777.shtml.

③ 京东集团已启用数字人民币发放薪酬和企业支付 [EB/OL].DoNews 企鹅号，[2021-04-25] . https://new.qq.com/omn/20210425/20210425A0BHYC00.html.

可更快速地确认支付信息，从而在供应商发货方面实现提速，进一步压缩履约周期、提升采购效率[①]。

普惠金融

农行太仓分行案例。2022 年 6 月 7 日，中国农业银行太仓分行以数字人民币形式向太仓市亿砼新型材料科技有限公司发放普惠贷款 150 万元，作为原料款支付至上游供应商数字人民币钱包。此笔数字人民币普惠贷款，不仅实现了数字人民币应用场景上的首创性突破，也是金融机构在助企纾困方面实现的创新尝试。

国晟小贷案例。青岛一家酒店管理企业收到了山东国晟小额贷款有限责任公司（简称“国晟小贷”）发放的数字人民币形式的 5 万元小额贷款。据国晟小贷相关人士介绍，客户线上对国晟小贷发起贷款申请通过后，通过在工行设立的数字人民币钱包收款。在还款方面，客户在国晟小贷渠道或工银 e 缴费平台，通过数字人民币进行还款。对客户而言，尝试申请使用线上数字人民币贷款，增加了收付款的新渠道，速度快、效率高，进一步增加了普惠金融的便利性和可获得性。对国晟小贷而言，数字人民币应用于小额贷款场景，有望节省原来通过第三方产生的渠道费用。

① 京东企业业务支持数字人民币采购支付 加速业内推动数字化采购升级[EB/OL]. 世链财经，[2021-08-23] . http://demo.shilian.com/zixun/426925.html.

此外，数字人民币钱包开立的便利性和账户的松耦合性，有助于其更便捷、更低成本地触达客户，同时可确保授信资金闭环流转和用途真实可信，更有助于做好数字普惠融资服务[①]。

租赁资金监管

深圳案例。2021 年 12 月初，深圳农行联合华为完成业内首个数字人民币云侧智能合约应用场景落地。在深圳住建局主导的租赁资金监管场景下，通过数字人民币云侧智能合约，设定监管规则，租赁资金将按规则定期释放到监管平台，确保资金安全。当承租方（租客）通过智慧租赁平台选房、签约，并支付押金和租金后，资金会到达租赁企业（房东）的数字人民币账户，同时生成智能合约，将资金绑定。智能引擎会在租金支付日自动释放当月租金，并于租约到期后自动将数字人民币押金退还承租方。在此流程之下，智能合约客观上规范了长租公寓的资金使用，建立起了资金监管“防火墙”[②]。

---

① 全国首家，山东国晟小贷成功实现数字人民币融资场景应用 [EB/OL]. 中华网山东频道，[2022-04-22] . https://sd.china.com/cjzx/20000936/20220422/25603407. html.

② 数字人民币智能合约应用现状：至少 5 大场景，近期步伐明显加快 [EB/OL]. 链捕手搜狐号，[2022-02-21] . https://www.sohu.com/a/524431883_100145824.

第五节　乡村振兴场景

助力乡村振兴是数字人民币的重要应用领域。目前，各试点地区通过“政银合作”的方式，将数字人民币嵌入农产品交易场景中，利用智能合约提升涉农资金管理效率，优化数字人民币支付结算服务。从长远来看，合理选择数字人民币的试点区域、精确选择数字人民币的试点群体、有序推进数字人民币的宣传普及、逐步改变农村居民的传统支付习惯等举措，能够提升数字人民币服务乡村振兴的能力，有力推动我国乡村振兴战略的实现，切实利好农民群体。

保障涉农资金安全

我国涉农资金项目较多，包括农村公路修建、基本农田建设、农业综合开发等农村基础设施建设类资金，粮食直补、农资综合直补等补贴类资金。

为了用好国家涉农项目资金，农业部门有一套项目资金使用、检查、评估流程。各地流程都强调涉农资金在使用期中的检查，还建立了事后审计制度来保证涉农资金“专款专用”，但这些措施存在时间滞后性，并且用于审计中的基础数据材料有不规范上报漏洞，一旦审核查出资金违规使用或人员重大经济违法问题，按照现有流程，项目资金可能无法快速追回。

如果在现行涉农资金管理流程基础上，采取数字人民币的可追溯技术，就可以避免这样的问题。涉农资金主管部门可以与银行签订智能发放合约，通过“硬钱包”发放数字人民币给资金使用人后，就建立起了数字金融监管闭环。在使用过程中，农业主管部门就可以通过系统监督资金使用，关口前移减少了事中和事后检查、审计成本。一旦发现使用问题，主管部门可以按照“智能合约”立即收回未使用资金，无须通知当事人，清楚定位已使用资金的流向并展开追查，最大限度保障政府资金安全①。

乡村金融服务示范区

成都邛崃案例。邛崃作为国家城乡融合发展试验区试点城市之一，以乡村振兴战略为契机，聚焦乡村新消费、新场景、新业态，打造数字人民币城乡融合先行先试示范区。其一，构建数字人民币应用生态圈。成立 5 家试点银行，开通数字人民币消费支付场景。邛崃市围绕建设数字人民币城乡融合先行先试示范区，从组织、宣传等方面全面发力，开通覆盖餐饮服务、生活消费、医疗卫生等场景，构建数字人民币应用生态圈。其二，打造全国

① 当乡村振兴“遇见”数字人民币 [EB/OL]. 信息新报网易号，[2022-05-22] . https://www.163.com/dy/article/H804QT8V0552ADWT.html.

首个数字人民币城乡融合先行先试示范区。依托各镇街重点打造特色旅游民宿、商超农资服务点、村（社区）卫生诊所、特色农产品销售、公共缴费五大数字人民币应用主题场景，覆盖餐饮服务、生活消费、医疗卫生等多个领域。其三，助力乡村振兴和国家城乡融合发展试验区建设。围绕临邛古城城市有机更新和特色街区打造，加大宣传推广力度，提升大型商超以及特色餐饮零售等场景覆盖面，打造数字人民币应用场景示范街区①。

厦门助力农业案例。2022 年 6 月 5 日，厦门农行与厦门产权交易中心合作举办“农业碳汇交易助乡村数字人民币万人购”活动，这是全国首个“农业碳汇交易平台创新数字人民币应用场景”，开创了“农业碳汇 + 数字人民币 + 乡村振兴”新模式。活动待售的莲花镇农业茶园碳汇总量为 34327 吨，农行厦门分行为每笔碳汇交易提供了 20 元的补贴，即活动参与者使用农行掌银扫码，通过数字人民币账户支付 1 元，可购得价值 21 元的 3 吨碳汇。不仅如此，每位通过农行掌上银行数字人民币账户购买农业碳汇活动的参与者，还有机会获得农行掌上银行“鹭享惠”智慧商圈美食、健身、绿色出行等消费优惠券。农行厦门分行期望通过丰富的活动体验，引导广大市民践行绿色低碳行为，助力碳减排②。

---

① 成都邛崃市率先打造数字人民币试点示范区 [EB/OL]. 成都本地宝，[2021-05-28] . http://cd.bendibao.com/news/2021528/124182.shtm.

② 全国首创“农业碳汇 + 数字人民币 + 乡村振兴”新机制，就在厦门！[EB/OL]. 中国城乡金融报企鹅号，[2022-06-07] . https://new.qq.com/omn/20220607/20220 607A07CNU00.html.

四川省彭州市宝山村案例。农业银行四川分行率先在四川省彭州市宝山村整村推进数字人民币试点工作，推进数字人民币与村民生活、产业发展、乡村治理的有效融合，该村成为四川省首家“数字人民币助力乡村振兴示范村”。在宝山村，数字人民币的试点对象全面涵盖了村集体、村企业、商户、村民、员工及游客等各类客户，实现了政府端、企业端和消费者端全覆盖。试点领域涵盖了村民日常生活、村民个体经营、公共服务事业（电费缴纳、医疗支付等）、集团生产经营、乡村旅游等多个领域。数字人民币被用于工资薪酬、生活消费、电费缴纳、乡村客运、医疗支付、社保缴纳等应用场景，促进了数字人民币与乡村振兴的“双向融合”①。

金融服务“三农”

上海青浦案例。在上海青浦，农户 A 体验了一把在“三农”场景中使用数字人民币进行的投保、理赔和消费支付：2021 年，A 以数字人民币形式在安信农保进行了投保。此后，由于遭受台风影响，A 家种植的农作物遭受了损失，于是 A 便向安信农保公司提出申请赔偿；而保险公司则很快也通过数字人民币钱包的形式将赔款转至了 A 的数字钱包。A 在收到赔款后，到经常合作的

① 农业银行：助力建成四川首个数字人民币示范村 [EB/OL]. 证券时报网，[2022-07-02]．http://www.stcn.com/kuaixun/egs/202207/t20220702_4713920.html.

苏州为农种子有限公司购置了农业物资，还享受了数字人民币的消费满减优惠。

厦门国际银行案例。厦门国际银行在同安区莲花镇军营村、白交祠村、五显镇竹坝华侨农场、洪塘镇下墩村等乡村设立了农村普惠金融服务点，让村民们足不出村即可享受到便利的金融服务体验，打通了农村普惠金融服务的“最后一公里”。各个农村普惠金融服务点配备助农 POS 机，为周边村民提供助农取款、转账汇款、代理缴费、账户查询等基础支付服务，“可满足村民日常生活 90% 以上的便民金融需求”。不仅如此，在保障日常金融业务基础上，厦门国际银行还开展金融知识宣传讲座、点对点开展科普与宣传，让金融知识走进农村、走进家庭，致力于将服务与知识送达、落实到每一家、每一户。同时，将加快引导村民认识了解数字人民币，并指导村民开通数字人民币支付功能①。

苏州冯梦龙村案例。位于苏州相城区的冯梦龙村是全国第一个数字人民币试点示范村。自 2014 年以来，冯梦龙村每年都会给全村村民发放股金。2021 年，冯梦龙村首次用数字人民币给村民发放股金，成为全国第一个用数字人民币给村民发放股金的村子（见图 7.6）。以往发放股金，要么就是现金支付、转账支票，要么就是直接打款到村民的银行账户，工作流程烦琐、耗时长不说，

① 数字人民币助力乡村振兴 厦门国际银行打通农村普惠金融服务“最后一公里”[EB/OL]. 金台资讯企鹅号，[2022-04-29] . https://new.qq.com/omn/20220429/ 20220429A07GXB00.html.

老要跑银行办业务对于村里一些上了年纪的人来说也不太方便。但自从使用数字人民币发放股金之后，一切都变得十分简单，村民们直接通过手机就能够领到钱；村里的老人们也不需要用智能手机，只需随身携带一张小巧轻薄的“尊老卡”，用“碰一碰”的方式就可以收款、支付，甚至还能使用紧急呼叫等功能。如今，村里尝到了数字人民币支付带来的甜头，还将部分老人的尊老金也以数字人民币的形式发放[①]。在当地，纪念馆、书院、游船码头、卖油郎油坊等地点都可以进行数字人民币消费，助力了村民的日常消费[②]。

图 7.6 全国首批数字人民币股金发放仪式

（资料来源：全国首例数字人民币股金在苏州冯梦龙村发放 [EB/OL]. 潇湘晨报百家号，[2021-12-27].https://baijiahao.baidu.com/s?id=172026299931221 0579&wfr=spider&for=p.）

① 苏州这个村用数字人民币发股金分红，全国首次 [EB/OL]. 苏州发布澎湃百家号，[2021-12-29] . https://m.thepaper.cn/baijiahao_16065817.

② 当乡村振兴“遇见”数字人民币 [EB/OL]. 信息新报网易号，[2022-05-22] . https://www.163.com/dy/article/H804QT8V0552ADWT.html.

第六节　综合场景

综合场景不仅涉及不同系统对接、高频交易处理等问题，也涉及基础设施建设和跨国、跨法律问题。我国现已成功试验了冬奥、全运会等场景，在跨境支付和自贸区等场景中也开展了试点。数字人民币的全面推广，离不开综合场景的应用。

体育赛事

2022 北京冬奥会场景

2020 年的冬天，数字人民币冬奥试点应用正式启动。冬奥场景围绕食、住、行、游、购、娱、医七大重点领域的支付服务需求，打造特色鲜明的产品，例如，支付手套、支付徽章、支付服装等可穿戴支付设备，保障了境内外消费者使用数字人民币的支付体验①。公开数据显示，数字人民币试点覆盖冬奥会全场景 40.3 万个，交易金额达 96 亿元②。

① 北京数字人民币试点“周年记”，冬奥全场景应用“一文读懂”[EB/OL]. 贝壳财经企鹅号，[2022-01-26] . https://new.qq.com/omn/20220126/20220126A 07UXZ00.html.

② 数字人民币试点覆盖 40 余万个冬奥场景 交易额 96 亿元 [EB/OL]. 中国新闻网百家号，[2022-02-10] . https://baijiahao.baidu.com/s?id=1724373886359448460&wfr=spider&for=pc.

据了解，限于冬奥品牌权益方面规定，冬奥场馆内只支持VISA、人民币实物现金和数字人民币支付。与支付宝和微信支付不同，数字人民币在场内信号不好的条件下也可以使用，通过“碰一碰”、扫码付等方式（见图7.7和7.8），可便捷实现非接触支付，充分满足冬奥的防疫要求，助力安全奥运。

图7.7　数字人民币在冬奥场景中支付

（资料来源：“碰一碰”“扫一扫”数字人民币实现冬奥场景全覆盖[EB/OL].北青财经企鹅号，[2022-02-08].https://new.qq.com/omn/20220207/ 20220207A09P0P00.html.）

不只是冬奥，为了迎接冬奥并配合冬奥应用场景，整个北京都在倾力打造数字人民币的使用场景。在交通出行方面，目前已实现“亿通行”App、“一卡通”App对接数字人民币，轨道交通人工售票窗口和自助机具也支持使用数字人民币购票、充值。在购物消费方面，王府井、世纪金源等重点商圈及物美超市等连锁商店均已支持使用数字人民币购物消费。在医疗卫生方面，已有23家定点医院支持受理数字人民币。在文化旅游方面，八达岭长

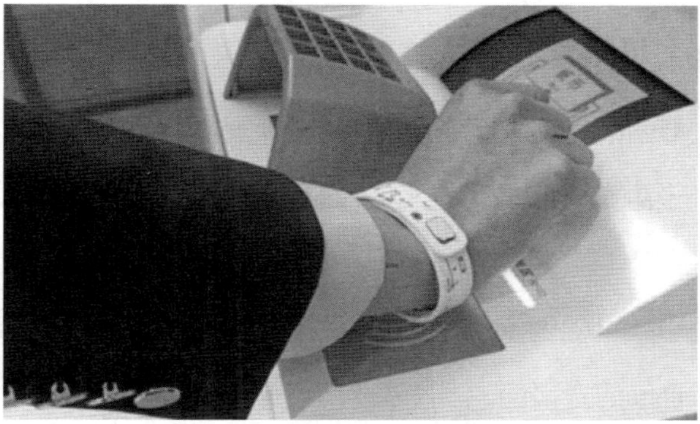

图 7.8　数字人民币“硬钱包”

（资料来源：“碰一碰”“扫一扫”数字人民币实现冬奥场景全覆盖 [EB/OL]. 北青财经企鹅号，[2022-02-08].https://new.qq.com/omn/20220207/ 20220207A09P0P00.html.）

城线下购票场景、故宫内自营文娱商店场景、圆明园景区购票及购物场景，已完成数字人民币受理环境建设。对于张家口赛区而言，数字人民币应用覆盖场馆、酒店、餐饮、商户、邮政、交通、医疗等 5 万余个场景，共计开立对公、对私钱包 700 万个。22 家冬奥签约酒店 100% 签约确认支持数字人民币支付受理；8 家冬奥定点医院均可使用数字人民币进行支付，张家口本地 2 家大型连锁药房均实现了数字人民币受理。在交通出行方面，张家口和怀来高铁站、崇延和张承高速公路收费站、市辖中石油加油站、崇礼汽车站、崇礼公交全部实现了数字人民币支付受理，为冬奥相关人员及当地民众提供了支付便利①。

① “碰一碰”“扫一扫”数字人民币实现冬奥场景全覆盖 [EB/OL]. 北青财经企鹅号，[2022-02-08] . https://new.qq.com/omn/20220207/20220207A09P0P00.html.

全运会场景

在第十四届全国运动会金融服务专属团队全力推动下，人们积极运用金融技术手段，全运会的运动员村、技术官员村和媒体记者村等范围实现了数字人民币场景“多点覆盖”[①]。公众也可以用数字人民币购买全运会的门票。市民姚某用数字人民币支付购买到了自己心仪的赛事门票[②]（见图 7.9）。

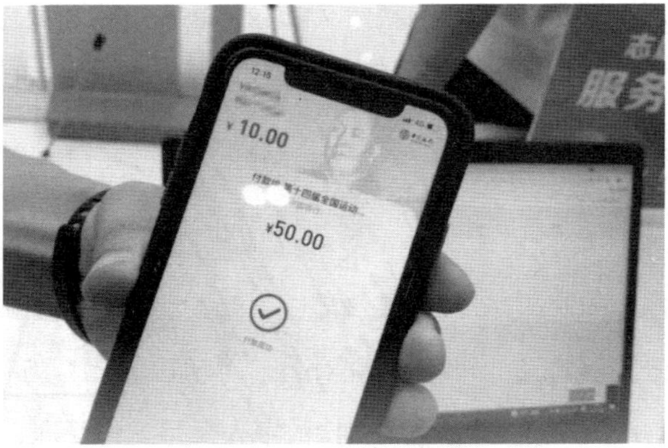

图 7.9 数字人民币购买全运会门票

（资料来源：全运会首张纸质门票以数字人民币支付方式售出 [EB/OL]. 移动支付网，[2021-09-01].https://m.mpaypass.com.cn/news/202109/01102708.html.）

① 全运村内数字人民币场景实现“多点覆盖”[EB/OL]. 移动支付网，[2021-09-16] . https://m.mpaypass.com.cn/news/202109/16143149.html.

② 全运会首张纸质门票以数字人民币支付方式售出 [EB/OL]. 移动支付网，[2021-09-01] . https://m.mpaypass.com.cn/news/202109/01102708.html.

大运会场景

成都世界大运会在筹备期间，深度打造了数字人民币的应用场景，融合成都本地历史文化元素、大运口号理念、蓉宝形象等创新推出了数字人民币“硬钱包”。具体而言，成都建设“三·六·五”数字人民币场景，即三大核心场景（大运村、赛事场馆、主媒体中心）、六大应用场景（管理、住宿、餐饮、医疗、购物、出行）、五大体验场景（天府国际金融中心、成都大学、东安湖体育中心、总部酒店、大运星餐饮样板餐厅）。同时，将在闭环区域内，通过设立数字人民币体验咖啡机、数字人民币智能兑换机以及开展形式多样的大运会数字人民币体验活动等方式，做好数字人民币宣传、推广和应用工作[①]。

跨境支付

2021 年 3 月，深圳开展了数字人民币跨境支付测试，主要面向香港两类居民：一类是经常往来深圳的香港居民，可通过香港居民来往内地通行证进行实名认证；一类是偶尔来深圳的香港居民，即仅持有香港居民身份证的居民，通过香港手机号匿名开立

① 大运会数字人民币硬件钱包发布，将深度打造应用场景 [EB/OL]. 移动支付网，[2022-03-29]. https://www.mpaypass.com.cn/news/202203/29113640.html.

五类数字人民币钱包。经测试成功验证，香港居民可使用香港手机号码匿名注册开立数字人民币五类钱包进行小额消费，购买商品时仅需出示付款码即可通过 POS 机完成支付[①]。

海南自贸区

海南作为全国唯一的全省区域试点数字人民币的省份，自 2020 年底实施试点工作以来，按照“体现自贸港特色、全省全域全面铺开”的原则，以多样性、标志性、普惠性、可持续性为要求，积极推进数字人民币应用推广，打造数字人民币试点的“海南模式”，成效显著。目前已经实现离岛免税店全覆盖、大型商超全覆盖、AA 级以上景区全覆盖等；累计开立个人钱包 1046.14 万个、对公钱包 64.75 万个；支持数字人民币商户门店数量为 11.68 万个；已有近 35 万个场景正式开展试点[②]。

---

① 全国率先！深圳面对香港居民开展数字人民币跨境支付测试 [EB/OL]. 老杨说链企鹅号，[2021-04-01] . https://new.qq.com/omn/20210401/20210401A06I YC00.html.

② 海南全域展开数字人民币试点，成效几何？ [EB/OL]. 界面新闻企鹅号，[2022-03-01] . https://new.qq.com/omn/20220228/20220228A03AW500.html.

第八章

数字人民币对金融业的影响

数字人民币是我国央行顺应数字经济变革进行的货币创新，它的出现符合数字时代金融业发展的现实需要。其积极影响大于可能存在的负面影响，金融业界要未雨绸缪，主动迎接这一变革。本章从当前数字人民币试点的具体情况出发，梳理数字人民币的发行将给国际、国内金融行业带来的影响。

第一节　数字人民币生态格局演变

数字技术驱动人民币在形态上发生了转变，由纸质货币或者硬币形式转化为数字形式，支付行业也会随之转型，由只能接受纸质货币或者硬币，转变为可以接受方便、快捷、安全的电子货币。这也意味着，数字人民币的出现，会对支付生态系统产生渐进式影响。在数字人民币试点中，中国人民银行等主体依循共享、共治的技术道路，共同推进理论、技术的研发与试验[①]，初步形成新型支付生态系统。

支付格局的演变

数字人民币的优点，如提升资金结算效率和资金周转效率、不依赖银行账户进行资金转移、减少清结算的信用风险和流动性风险、有效杜绝假币、能够离线使用等，使其在支付格局中占有一席之地。可以预见，随着囊括生活方方面面的应用场景不断被开拓，数字人民币必将改变支付格局。

促进多主体参与

数字人民币的设计与研发由数字货币研究所与相关机构参与，技术相对成熟之后，由中国人民银行负责发行数字人民币，对数字人民币的试点及应用推广进行顶层设计，维护数字人民币的安全与稳定，并指定符合条件的商业银行及其他机构参与研发与试点[②]。之后，商业银行开发各类数字钱包，向社会公众兑换数字人民币，对接各类线上服务平台，在各试点地区、场景中推广数字

① ② 中国人民银行数字人民币研发工作组 . 中国数字人民币的研发进展白皮书 [EB/OL]. 中国政府网，[2021-07-16].http://www.gov.cn/xinwen/2021-07/16/content_5625569.htm.

人民币。有影响力、有创新能力的企业，如京东集团、美团、顺丰速运等，开拓了数字人民币在电子商务、金融科技、餐饮等领域的应用场景。各试点地区的社会公众可体验日常消费、生活缴费、校园支付等数字支付服务。也就是说，整个支付生态系统包含主要扮演研发角色的研究机构和中国人民银行、负责推广给大众的商业银行、不断尝试创新的企业，以及使用数字人民币的公众。

处于数字人民币生态系统中的多元主体，在争取线下用户的过程中，尤其是在数字人民币推广初期，需要以更加积极开放的姿态，主动引入外部生态，合力打造丰富的生活、社交、消费等各类支付场景，并利用人工智能、云计算等前沿技术对数字人民币使用者的底层交易数据和交易行为进行深入分析，不断提升个性化服务水平，更好地满足人们在衣、食、住、行、娱乐、医疗等各方面的需求，不断做细、做实、做优服务工作，以此提高用户黏性，有效拓宽经营边界，实现多元主体的互利共赢和良性循环。

促进环境优化

当前，数字人民币试点主要在经济发达、科技进步、信用环境良好的地区进行。这些地区客户群体庞大、公众认知度高、非现金支付活跃，商业银行、支付机构及企业具备很强的创新能力。数字人民币推进了支付设备升级改造，推动了试点地区政府谋划数字经济发展，制定了地方性法规及相关制度，为未来数字人民币的流通奠定了基础。

数字人民币生态系统的构建和正常运营离不开软硬件设施、信息通信技术等的支撑，也需要开发数字钱包、在设备上加载数字人民币功能等。因此，在数字人民币逐步落地的过程中，IT、清算、支付等各类设施与服务逐步完善，“发行流通 + 交易场景 + 技术创新 + 设备改造”的产业链条也逐步形成。

促进支付方式多元化

数字人民币具备的支付功能和安全性能，有望打破第三方支付对零售支付市场的垄断。2020 年，微信支付与支付宝占据我国零售支付市场份额的 94%①，形成双寡头垄断格局和科技巨头的“DNA”②生态，存在平台垄断、场景割据及内卷等负面效应。数字人民币的引入，实现了科技巨头的支付数据与其他场景数据的互联互通，不仅可以打破零售支付垄断，更有利于央行实施必要的金融监管③。

---

① CŒURÉ B. Finance Disrupted [EB/OL]. BIS Innovation Hub speech. Geneva: the 23rd Geneva Conference on the World Economy, [2021-10-07] . https://www.bis.org/speeches/sp211007.htm.

② 数据分析、网络外部性和交织活动（data analytics，network externalities and interwoven activities）的简称。主要指科技巨头利用自身的技术优势和市场优势，利用支付、社交等数据开展数据分析、网络外部性和交织活动。“DNA”既是科技巨头研发与创新的优势，也是金融风险来源之一。数字人民币的推广亦将形成“DNA”生态，构建数字人民币数据产业链。善用“DNA”可以遏制金融风险，使其发挥产业化的规模效应。

③ 刘典 . 数字人民币：数字经济的生态重构与全球竞争 [J]. 文化纵横，2021（1）.

支付行业的演变

C 端市场的演变

C 端市场也就是消费者市场。消费者是数字人民币最主要的客户群体，其支付业务具有高频、小额的特点。数字人民币的应用场景增多，有望推动零售支付市场实现转型升级。商业银行与第三方支付机构将主要在便捷性、可靠性、低成本等方面展开竞争，在竞争中促进科技进步、效率提升。例如，商业银行可以脱离传统账户束缚，通过数字钱包 App 提供近场支付、双离线支付等特色服务；而第三方支付将新增数字人民币支付功能，开拓创新个性化服务。

B 端市场的演变

B 端市场是企业支付市场，特点在于金额大、流动性强，但不像 C 端市场那样支付交易频发。数字人民币在 B 端市场的拓展场景，有助于打通企业级支付，贯穿企业运营各环节场景，借助于现金流运行，沉淀出足够的数据，基于这些信息资源，加速实现商户的数字化，对企业资金、产品等进行综合管理和记录。不仅如此，还能帮助企业构建完善的上下游供应链等各细分场景，实现传统商户、企业的互联网化，降本增效①。

① 王君晖 . 数字人民币加速“攻城略地”B 端市场想象空间巨大 [EB/OL]. 证券日报网，[2021-07-12] . http://www.zqrb.cn/jrjg/hlwjr/2021-07-12/A1626024976693.html.

G 端市场的演变

G 端市场主要是财政支付渠道，具有公共物品的特性。数字人民币有助于政府更好地履行给付行政职能，实现财政转移支付、财政扶持的数字化，是未来支付行业发展的新方向。在新冠肺炎疫情暴发后，由于社交隔离等措施的实施，国内外已开始探索社会福利的非现金支付方式，如美国探索通过“数字美元”账户向个人和企业发放补贴。数字人民币将优化补贴发放、丰富补贴品种，亦可监测财政扶持政策执行情况，提升财政补贴及转移支付的精准度。同时，数字人民币的使用还将促使政府实现数字化转型，优化数字经济中政府与市场主体的关系。

商业银行的演变

随着数字人民币的发行与运营，商业银行中与现金管理、反洗钱工作等相关的人力和物力将逐步得到释放。因为数字人民币会替代一部分纸币现金，相关业务将逐步减少，相关的运营支出也将降低，这也就意味着会减少现金管理人员，减少 ATM 及其维护维修人员，减少金库建设的成本、现金押运的开支等。此外，随着共享信息集散能力、大数据分析能力、资金交易追踪能力的进一步提高，商业银行一部分人力和物力将逐步从烦琐而低效的传统反洗钱、反恐怖融资等工作中释放出来，从而降低商业银行相关的支出负担。释放的人力资源、减少的成本可更多地投入服务板块，不断增强客户体验。

商业银行无须对数字人民币付息，随着数字人民币的普及，将“挤出”一部分银行存款货币，因此会减少很大一部分利息支出的成本。

由此可知，在数字人民币的生态系统中，商业银行能够依靠数字人民币的不断发展、成熟，降低自身相关的运营成本，促使商业银行由传统形态向轻型化转型。

第二节　数字人民币对金融业的积极影响

数字人民币的出现符合金融业当前发展的需要，从现有的经验看，数字人民币的发行对公众、央行、企业、国内国际金融体系都会产生正向积极影响。

普惠金融逐步发展①

数字人民币将推进我国普惠金融发展，让更多民众分享金融科技进步的红利。

---

① 莫开伟.数字人民币将如何影响行业格局? [EB/OL]. 移动支付网，[2022-01-14] . https://www.mpaypass.com.cn/news/202201/14103042.html.

“数字人民币（试点版）”App可为偏僻地区农民提供基础性金融服务。同时，数字人民币可为政府扶贫款、救济款、农林牧渔业等各项补贴的发放提供直达到户的政策工具。首先，能够改变过去传统的逐级下发模式，防止出现政府专项补贴落实不及时、不到位、层层设卡、擅自截留挪用等乱象，提高政府专项补贴资金到位的及时性和精准度。其次，能够进行精准追踪，了解掌握各项专用资金的发放进度及使用情况。农民工群体尤可从中受益。如果农民工的部分工资以数字人民币形式发放，一方面，可以更好地解决工资拖欠问题，有利于相关部门的监管；另一方面，可以引导推进农民、农村、农业融入数字经济，为数字人民币的流通和结算创造更好的环境。

数字人民币还为小微企业及个人贷款的发放提供了便捷途径，能够切实降低企业交易支付成本。商业银行可依据数字人民币大数据技术了解借款人及其家庭成员的金融资产和负债偿还能力，从而准确地判断贷款风险状况，提高个人贷款的审批速度和效率。同时，人民币数字化运营可以在很大程度上缓解银企信息不对称的矛盾，对企业生产经营情况做出更加准确的分析判断，为企业精准画像，为信贷决策提供参考。另外，可以配合贷后检查，了解资金去向，避免挪用信贷资金问题，更有利于信贷风险防控。此外，随着数字人民币的推广应用及其在各个领域的普及，将实现企业和个人税费、医保费用、教育费附加等费用的自动统一划拨，还可以实现和公务卡绑定，简化差旅费报销流程。另外，如果将其与政府相关信息关联，还可以随时随地查询社保、公积金、个人所得税等信息，水、电、气、暖、物业等生活缴费情况，公共交通、高铁、航班、天气预报等信息，为普通民众的日常生活带来各种便利。

改善央行对金融市场的监管

实物货币投放之后，央行就失去了对货币的掌控，只能够通过传统的各类统计指标、财务报表，采用现场、非现场检查等方式了解货币走向，无法保证货币最终流向实体部门，并实现中央银行的政策目标。

数字人民币可以使央行实现追踪和监控，实时采集流通过程中的详细数据，有效测量货币流通、周转速度，统计货币总量和货币结构。利用大数据、人工智能、云计算等技术赋能金融监管手段，可以提高央行公开市场操作和利率调节的精确性。同时，数字人民币还可以与人工智能技术相结合，实现精细化投放、结构化管理，从而优化资源配置，加强政策预期管理，使货币政策的实施更加精准有效。另外，数字人民币能够提供可追溯的完整账本，简化统计工作流程，提升数据质量。由此可见，数字人民币是金融监管的有力技术手段[①]。

① 叶凡 . 数字人民币对金融体系有何影响？梳理 DC/EP 产业链投资机会 [EB/OL]. 元宇宙之家，[2022-07-21] . https://www.lieyuncj.com/p/15984.

支持商业银行的发展

数字人民币为商业银行重掌支付入口创造了机遇和条件。商业银行可充分利用自身优势，打造便捷、安全、高效的支付结算体系，丰富金融服务和产品，扩展生态场景，更好地提供G、B、C端一体化、综合化服务①。

数字人民币将推动大数据在商业银行中的应用。随着数字人民币的使用和流通，将会在支付场景中产生维度丰富的大数据。这些大数据流能极大推动商业银行的发展。一是贷前通过对企业及其供应链上下游信息的加工，能降低银企信息不对称程度，更有利于小微企业获得必要的金融支持。二是监控贷款使用流向，及时发现企业经营中的问题，降低贷款违约风险。三是运用交易数据流对个人客户进行精准画像和行为分析，判断客户的真实信用水平和还款意愿，提高审贷、批贷的效率和精准度。

除此之外，数字人民币还将促使商业银行形成比较优势。数字人民币钱包是超越商业银行存在的超级账户，不依赖某个商业银行存在，用户可以选择绑定某个商业银行的账户，但不是必需的。这就有可能带来一个非常明显的竞争机制。如果商业银行仅

① 金融科技深度研究 | 数字人民币带来的影响和机遇 [EB/OL]. 金融科技笔记百家号，[2020-11-06] . https://baijiahao.baidu.com/s?id=1683141847274257100.

仅将自身定位为一种货币兑换的中介，那么就很难形成在数字人民币时代的比较优势。数字人民币将倒逼商业银行向提供更高附加值的服务转型，向产品创新转型。在数字人民币时代，金融数字化程度将进一步加深，马太效应将更加明显。跨界优势大、创新服务多、产品有更多价值的商业银行将能从数字人民币生态中获得更多的用户，产品创新能力差的商业银行将更难吸收到资金和客户[①]。

促进投资与贸易的发展

按照市场主体分类，数字人民币产业链可以分为上游（央行）、中游（商业银行、第三方支付机构）和下游（用户）。在上游产业中，数字人民币的研发设计主要由央行负责，但数字人民币的安全性、便捷性等对科学技术能力的要求较高，因此安全加密、KYC[②]认证等相关高技术行业的龙头企业有望与央行合作，参与数字人民币的研发、发行及之后的一系列工作。在中游产业中，银行 IT 架构改造将带来巨大机遇，包括数字货币系统、核心

① 孙扬 . 数字人民币将如何改变金融生态？ [EB/OL]. 苏宁金融研究院微信公众号，[2020-10-21] . https://mp.weixin.qq.com/s/dsprA5N3-VOaKdGCGXjaig.

② 全称为 Know Your Customer，译为“了解你的客户”，指对账户持有人的强化审查，以了解资金来源合法性，是反洗钱领域用于预防腐败的制度基础。

业务系统等的新设、改造等。在数字人民币推行前期，为大型商业银行提供 IT 技术的头部厂商将抢占先机，为大型商业银行的分销提供技术支撑。支付行业的龙头企业有望参与数字人民币货币的运营，开发新型核心业务模式，加速行业分化。在下游产业中，对智能 POS 机、ATM 等支付终端的改造升级一马当先，相应的硬件设备生产企业将迎来新的商业机会①。

数字人民币能够带动整个产业链的发展，其自身也能在国际贸易中发挥独有的作用。当在国际市场进行外币交易时，需要先从账户转出资金，再由国际清算银行进行清算，再换成外币，再清算给外国银行。整个过程涉及诸多手续，不仅步骤烦琐、交易费用较高，而且耗时较长。资金经付款行到达最后的收款行时，需要中转数个银行，每个银行的营业时间不同且每个银行都需要经过与反洗钱、反恐怖主义融资审查相关的工作流程，都会延长到款时间。但数字人民币的出现可以简化支付过程，用于支付的资金不需要再转到国际清算银行进行清算，而是可以直接转到接受数字人民币的换汇机构，然后由此机构转到卖家②。由此可见，数字人民币能够提升国际金融效率，促进国际贸易不断发展。

① 叶凡 . 数字人民币对金融体系有何影响？梳理 DC/EP 产业链投资机会 [EB/OL]. 元宇宙之家，[2022-07-21] . https://www.lieyuncj.com/p/15984.

② 王便芳，魏慧敏 . 数字货币对我国金融体系的影响分析 [J]. 征信，2021，39（8）：83-88.

维护国际金融体系稳定[①]

我国数字货币的建设进展处于世界前沿。可运用数字人民币建设经验，积极参与到全球数字金融基础设施建设之中，提升自身在全球数字货币规则、标准制定中的话语权，与其他国家一起分享数字人民币在研发、发行、流通等技术及标准等方面的经验，与全球金融基础设施进行互联，建立有效的服务体系[②]，在国际合作中，进一步推动数字人民币的金融服务场景拓宽至供应链金融、普惠金融、跨境贸易等场景，实现业务场景创新，推动金融更好地服务实体经济。

目前，不管在国内还是国外，数字人民币都可以通过提升资金的周转效率来提高金融市场的稳定性。数字人民币可以进行点对点交易，保证资金的即时结算，实现信息与价值的统一。在国内，数字人民币的特征使其能够加快资金的周转速度，增加企业的流动性资金。企业拥有的流动性资金更多，意味着向金融机构借钱的需求将会减少，通过银行信贷创造的流动性资产数量就会减少，因此能够提高金融市场的稳定性。

目前，国际主流的跨境支付体系主要依赖 SWIFT 系统，但

① 邹松涛 . 浅析数字人民币的本质，特征及影响 [EB/OL]. 参考网，[2021-10-25] . https://www.fx361.cc/page/2021/1025/8991119.shtml.

② 陶立敏 . 数字人民币发展的机遇、挑战及政策建议 [J]. 企业经济，2022，41（2）：5-16.

SWIFT 存在环节多、效率低、不透明和价格高的局限性。构建基于数字人民币的跨境支付结算体系，将有助于打造实时的、去中心化的、跨系统同步的、零支付手续费的“支付即结算”的直接模式，极大提升效率、透明度和安全性。构建数字人民币跨境支付结算体系，充分发挥数字人民币的先发优势，有助于维护我国的金融安全和国际金融稳定。此外，数字人民币的跨境应用，有助于人民币的普及和推广，打破现有的跨国支付体系垄断，加速人民币国际化进程①。

第三节 数字人民币对金融业的负面影响

数字人民币对金融业起着“鲇鱼”的双面效应②，除了有积极影响之外，也会对现有的金融市场和金融系统产生一定的冲击，因此有必要明确数字人民币对我国金融系统的负面影响，进而有针对性地制定相应的防范措施③。

---

① 邹松涛 . 浅析数字人民币的本质，特征及影响 [EB/OL]. 参考网，[2021-10-25] . https://www.fx361.cc/page/2021/1025/8991119.shtml.

② 黄敏学 . 数字人民币的市场发展与运作机理 [J]. 人民论坛，2021（19）：78-81.

③ 谈数字人民币对我国金融系统的双重影响 [EB/OL]. 移动支付网，[2021-12-23] . https://www.mpaypass.com.cn/news/202112/23115813.html.

"挤出"银行存款

数字人民币当前正处于试点阶段，在整个市场中的投放数额不大，对现有金融秩序的影响较小，但数字人民币与银行存款货币同为法定货币、信用货币，数字人民币的出现必然会对银行存款货币产生冲击和影响[①]。

具体体现在，银行存款货币可能会因为数字人民币的出现而面临流失。近年来，第三方支付平台不断发展，其具有的高效性、便捷性与安全性等优势非常吸引用户，造成存款大量流出商业银行。中国人民银行的统计数据表明，商业银行的 M1 货币量持续低增长，甚至在部分时间段出现负增长。数字人民币同样具有第三方支付的优势，并且数字人民币的发行主体为中央银行，会使得客户对其具有更高的信任度。由此可合理推断，随着数字人民币的逐步推广，银行存款货币会从商业银行大幅流向数字人民币钱包。不单单是个人，企业的对公账户存款货币也会出于便捷交易的需要流向数字人民币钱包[②]。

《中华人民共和国商业银行法》明确规定了客户享有存款自愿、取款自由的权利。这意味着即使发生大量存款流出的情形，

① 闫夏秋，杨鑫逸．数字人民币对存款货币的影响与协调对策 [J]. 财会月刊，2022（3）：148-153.

② 徐文彬．央行数字货币（DCEP）重塑银行体系的前景展望 [J]. 税务与经济，2020（5）：29-36.

商业银行也不能以维护金融系统安全为由拒绝客户的资金流出申请。对于客户来说，更便捷、安全的支付工具无疑是符合其需求的最优选择。因此，存款货币的流失将成为一种可预期的现实。

从理论上讲，数字人民币“挤出”银行存款可能是因为三种机制。第一种叫作“危机时期的挤兑机制”，即在银行危机时期，数字人民币可能对银行存款形成挤兑，人们会更方便地把存款变成数字人民币。第二种被称为“习惯机制”。习惯机制是指用户一旦习惯了使用数字人民币，在后续支付中就会形成一定的支付习惯，造成对活期存款、现有移动支付 App 的替代。第三种叫作“绑定机制”，是指央行账户可以作为身份证明与其他手机 App 进行绑定，改变金融科技的架构体系。数字人民币在我国遵循与账户松耦合的机制，现在人们不一定会选择解绑自己的卡，再去绑定央行的账户，因为既有的支付习惯不那么容易改变。但是如果下一代的第一个账户就是央行的账户，人们就可能通过这个账户去绑定其他支付工具。绑定机制的效应在现在看来可能是很小的，但是随着代际的推移，有可能会逐渐增大，甚至占据主导地位。那时，数字人民币冲击的就不仅仅是现有的支付格局，还可能会改变整个金融科技的底层架构，因为支付信息的流动本身就是最基础的数据[①]。

---

① 北大数字金融研究中心未名湖数字金融研究 . 央行数字货币将如何改变金融生态？ [EB/OL]. 北京大学数字金融研究中心，[2020-06-19].https://idf.pku.edu.cn/bqzt/xw/503935.htm.

影响第三方支付

数字人民币本质上与第三方支付并不存在冲突。前者是“钱”，是数字形式的法定货币；后者是“钱包”，是货币的支付运行设施和体系、方式，是为货币流通服务的。因此，从严格意义上讲，数字人民币与第三方支付并不存在竞争关系。

不过，从数字人民币的试点工作来看，其在零售支付场景的使用，无论是依凭的支付终端还是支付体验，都与现有的第三方支付在诸多方面存在重合。同时，使用数字人民币进行支付相较于第三方支付，在安全性、便捷性、费用成本等方面都存在优势，其中费用成本的优势或成为冲击第三方支付的关键因素。例如，被支付收单机构垄断的零售商户使用数字人民币的收单业务，可以显著降低交易手续费，获得更强的议价能力。如果数字人民币被大范围使用，零售商势必会因为第三方支付的手续费昂贵，转而选择数字人民币[①]。

数字人民币的出现，除了给第三方支付平台带来成本压力外，还会造成流量挤压，并进一步冲击衍生业务。例如，越来越多的人使用数字人民币钱包而不是支付宝，对于个人而言，节省了从

① 孙扬. 数字人民币将如何改变金融生态？[EB/OL]. 苏宁金融研究院微信公众号，[2020-10-21]. https://mp.weixin.qq.com/s/dsprA5N3-VOaKdGCGXjaig.

支付宝中提现的手续费；而对于支付宝而言，支付服务费用收入就面临下降[①]。

影响现有的金融监管体系

数字人民币带来了金融科技变革、支付场景变化以及金融业务扩张，原有的监管体制已经很难适应电子货币的现实诉求。数字人民币对金融业的影响仍然面临诸多不确定性，不仅需要资金、技术、人才的投入，更需要观念、组织、模式的革新。在这一背景下，金融管理制度如果不创新、不完善，就很难对转嫁风险进行有效监管。此外，由于数字人民币具有匿名性的特征，很容易被网络黑客盯上，将数字人民币作为攻击目标，成为数字人民币的网络安全挑战[②]。

换言之，当前只有针对传统人民币设定的发行、流通以及监管的相关法律法规。数字人民币与实物人民币存在一定的差异，所以其发行会对现有的金融监管体系产生很大的影响。建立专业

① 泽玲，雨林 . 数字人民币时代，第三方支付面临的挑战与机遇 [EB/OL]. 币世界企鹅号，[2020-11-21] . https://new.qq.com/omn/20201121/20201121A05F0M00.html.

② 谈数字人民币对我国金融系统的双重影响 [EB/OL]. 移动支付网，[2021-12-31] . https://www.mpaypass.com.cn/news/202112/23115813.html.

化的数字人民币监管机制，变得尤为重要①。

第四节　数字人民币助力金融业发展

数字人民币可能为金融科技类公司带来创新的土壤和重要的基础设施，也可能为商业银行和其他金融机构带来商业机会，尤其是在数字化转型方面②。

金融行业数字化转型

从金融科技类公司的角度来看，数字人民币把“钱”从根本上进行了数字化，也就是说，人民币的发行、流通、存储、投资、跨境流动等所有环节都可以变成“数据”，这为金融科技公司利用大数据、区块链、人工智能、云计算，甚至物联网技术来链接和处理这些数据打通了“最后一公里”。因此，已经处于全球领先地位的中国金融科技领域，在数字人民币正式推出之后或将迎来崭新的历史发展机遇。

① 张姝哲 . 数字人民币的体系架构及其发行对经济运行的影响 [J]. 企业经济，2020，39（12）：147-153.

② 黄国平，丁一，李婉溶 . 数字人民币的发展态势、影响冲击及政策建议 [J]. 财经问题研究，2021（6）：60-69.

从商业银行等金融机构来看，“数据”也可能为它们带来革命性的创新。从长远来看，商业银行可能脱胎换骨转换成“信贷数据管理公司”，如利用区块链、生物识别及大数据等技术，集中管理客户的财务资料。未来，商业银行和金融科技公司的边界可能更难分清，两者整合可能成为大趋势[①]。

加强金融安全

正如前文所言，数字人民币会促进央行着力完善监管体系。在央行的引导下，商业银行也会参与到维护我国金融体系安全的工作中。为防止不法分子利用新技术开展违规业务，一切与数字人民币相关的新技术和新业务都要纳入监管体系，在规定范围内合规经营。重点要加强对金融科技企业及互联网金融企业的监管，强化对信息技术风险、外包风险和其他技术操作风险的监管，绝不能因为技术业务外包而降低监管标准[②]。

---

① 央行首次发布数字人民币白皮书！供应链金融格局将有重大突破 [EB/OL]. 万联智慧企鹅号，[2021-07-23] . https://new.qq.com/omn/20210723/20210723A0DCFO00.html.

② 张姝哲，韩兴国 . 数字人民币运营模式、政策影响与发展建议 [J]. 理论月刊，2020（10）：50-58.

促进供应链金融发展

在数字技术的深度融合下，供应链金融作为数字金融重要应用领域，其发展也有望提速。在数字金融发展大势下，数字人民币将有力促进金融创新，变革金融机构服务方式。其可编程性、不可篡改性、匿名性等优势，以及大数据、人工智能等技术的深度加持，会重构目前的金融服务方式。数字支付、数字信贷、数字理财等金融新业态将会更加成熟和普及。随着金融科技的落地应用、产业互联网的发展，供应链金融在金融业务中的地位将日益突出，其服务实体经济的能力将得到放大提升。

通过数字化的供应链金融挖掘产业链的数据价值，建立行业"数据链"，逐步加强供应链上下游的深度融合，构建基于上下游的产融生态，推动供应链的"数字基础设施"搭建，进而赋能信用穿透，增强供应链上下游小微企业的商业信用和融资能力，将普惠金融的资金更精准地投向实体经济。

第九章

“数字人民币”骗局的识别与防控

数字人民币昭示着数字经济时代的到来，不法分子也“闻风而动”，涉及数字货币、数字人民币的违法犯罪防不胜防。新时代的公民应当全面认识数字人民币，警惕各类骗局，防范风险事件，维护自身合法权益，练就一双“火眼金睛”。

第一节　“数字人民币”诈骗套路多

不法分子利用人们对数字人民币缺乏了解、跃跃欲试的心态，打着“数字人民币”的幌子，进行诈骗或洗钱活动，造成很多人信息泄露、财产受损。目前，不法分子往往以公检法调查或开展数字人民币活动为借口，通过虚构事实、设置钓鱼软件或网站等手段，引诱广大消费者上当受骗。

以“公检法”的名义行骗

这种犯罪行为最常见。诈骗分子冒充公安机关、司法机关及其他官方机构，实行电话诈骗、发送虚假“数字人民币”试点预约短信等。他们会告知用户已违反法律法规，迫使其配合调查工作，诱导用户点击虚假链接或下载虚假 App 等，或者要求其开通数字人民币钱包，令其将银行卡资金转换成数字人民币，再转出至目标账户骗取资金。

廖女士受骗案。2021 年 11 月，廖女士接到一名陌生男子的来电。该男子自称是北京密云公安局的，声称廖某开通的一张北京信用卡涉嫌洗钱，需要调查其名下所有银行账户。廖女士信以为真，根据对方的提示，将自己银行账户的资金转到了其新办理的一张银行卡内，并下载注册了所谓的“安全卫士”App。随后，她又开通 App 内“数字人民币”功能，向对方提供了收到的短信验证码。最终，廖女士被骗走 37 万元。

徐某受骗案。2020 年 11 月，成都徐某接到一个陌生电话，对方自称是成都市公安局民警，说徐某名下的银行账户涉嫌一起诈骗案，该案将在成都市中级人民法院开庭审判，需要他配合公安局进行调查。接着，对方以验证银行存款来源合法性的名义，诱导徐某在手机上填写了个人及银行账户信息，按照对方的指示将钱全部转到名下工商银行账户。骗子又利用其身份信息，在中国银行注册数字人民币钱包，将账户内的 9.8 万元全部转走。

赵某受骗案。2020 年 10 月，浙江杭州临安赵某遭遇冒充“公检法”诈骗。对方以受害人涉嫌洗钱为名，要求受害人提供个人信息、银行卡号、手机验证码、录制自拍视频等“自证清白”，并利用“网易会议”软件，通过共享屏幕，远程指示受害人操作。随后，诈骗分子为赵某开通了数字人民币钱包，将其工商银行卡内资金转至数字钱包，再将数字人民币转出。赵某因此被骗 7.9 万元。

假借数字人民币推广活动之名行骗

这类案件也比较常见，通常以学习知识、推广活动、领取奖励等为借口，诱使用户上当受骗。

假借“宣传学习”进行传销与诈骗。不法分子建立所谓“数字货币 DC/EP 学习群”，谎称数字人民币由商业银行和私人机构同时进行推广，私人机构“有多层推广收益”，使用其提供的“e-CNY”收款码就可以参与推广（见图 9.1）。参与者若向朋友和其他商家推广成功，就

图 9.1　收益推广型诈骗

（资料来源：三峡融媒．数字人民币又来了！？等等，莫慌……[EB/OL]. 新浪看点，[2021-03-28].http://k.sina.com.cn/article_2346437860_8bdbcce401900v0tx.html.）

可以获得“两层收益”。此外，不法分子还盗用数字人民币试点活动中的官方素材，甚至编造新闻稿、虚拟“与央行签署合作协议”会议场景等以混淆视听，骗取公众资金。

杨某受骗案。2021 年 2 月，苏州市杨某在朋友圈里，看到了数字人民币试点发行预约信息登记活动。随后，他收到了一条“数字人民币 DC/EP 试点发行预约信息登记”的手机短信，该短信附带了一个网址链接（见图 9.2）。杨某回想起朋友圈里的活动信息，便相信了该短信内容，并点开了网址。随后，系统提示杨某卡内需要有余额 1 万元，才可以体验数字人民币。杨某信以为真，将 1 万元转入登记的银行卡内。等杨某警觉起来，才发现其银行卡内的 1 万元已被转走。

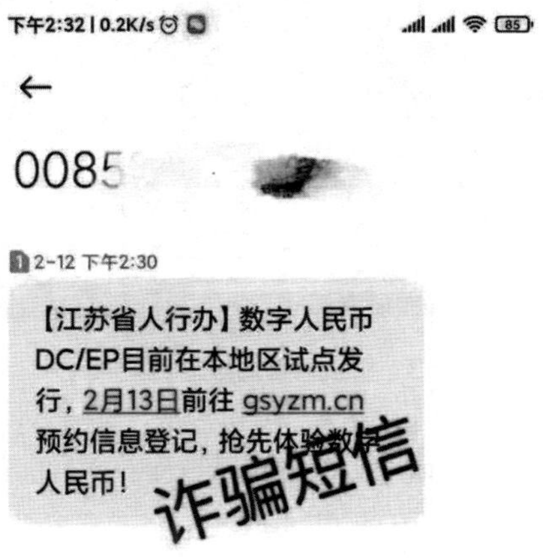

图 9.2 假短信型诈骗

（资料来源：数字人民币也“打假”！央行揭示三种常见诈骗套路：假推广、假理财与假短信 [EB/OL]. 南岳公安企鹅号，[2021-11-08]．https://new.qq.com/omn/20211108/20211108A07OSC00.html.）

钓鱼网站诈骗。网页样本监测发现，有的不法分子采取移花接木的方式，截取央视新闻数字人民币科普海报，加工成貌似官方的网站，通过钓鱼网站、钓鱼 App 骗取用户资金（见图 9.3）。

图 9.3　拼接科普海报的钓鱼 App

（资料来源：数字人民币也“打假”！央行揭示三种常见诈骗套路：假推广、假理财与假短信 [EB/OL]. 南岳公安企鹅号，[2021-11-08].https://new.qq.com/omn/20211108/20211108A07OSC00.html.）

以投资理财为诱饵行骗

不法分子冒用数字人民币名义，在资产平台开展交易活动。他们假借搞活动、理财投资，鼓吹“数字人民币”项目具有高额收益，骗取用户充值。这类骗子利用人们的投资趋利心理，利用用户尤其是老年人对数字支付方式的不了解，进行诈骗。

张某投资受骗案。北京老人张某一日收到网友推介，声称集齐央行寄出的6张数字人民币银行卡后，可在2022年元旦到冬奥会期间兑换100万元数字人民币，而这笔钱用于参与国家支持的养老院建设项目。在骗子行骗过程中，张大爷收到一张“数字人民币银行卡”，卡片正面印有“数字货币激活卡”的字样和16位卡号，卡片背面还印有“数字货币卡全球通用”“此卡不记名不转赠如有丢失无法补卡”“集齐全套即可激活”等提示。所幸的是，张大爷在家人的帮助下，及时识破了骗局，果断向警方报案，这才避免了财产损失。

假数字资产交易案。个别机构冒用中国人民银行名义，将一些数字产品冠以“DC/EP”或“DCEP”之名，在数字资产交易平台上进行交易。

防不胜防的洗钱陷阱

数字人民币洗钱案。2021年9月中旬，屈某接到一个陌生电话，称其网购的物品存在质量问题。对方准备以他购买价款3倍的金额对他进行补偿。随后，对方以“验证身份”为由要求屈某转账。屈某按照对方提示转移了多笔资金，累计金额达20多万元。转账过后不久，屈某意识到自己上当受骗，旋即向公安局报警。公安局刑侦大队受理报警后，经过多方走访调查查明，屈某的多笔转账款项最终都流向一个资金为数字人民币的特定电子钱包。通过进一步分析，刑侦大队锁定了身处福建的嫌疑人林某。侦查员连夜前往福建侦破案件，相继抓获林某等犯罪嫌疑人11人。原来林某一伙人利用数字人民币的高隐蔽性特点，为藏匿在柬埔寨的诈骗团伙洗钱。林某的柬埔寨“上线”告诉她，建议找身边的人开通数字人民币钱包，探索利用数字人民币洗钱。于是林某依照其“上线”吩咐，企图以数字钱包隐匿从屈某处诈骗得来的资金。

第二节　识别和防范“数字人民币”骗局

各类“数字人民币”诈骗案件层出不穷，花样翻新。社会公众一定要树立正确的观念，及时关注和了解数字人民币发展的最新动态，不断提高警惕，避免上当受骗。

央行和金融机构怎么办

央行、金融机构应当恪守反假币、反洗钱、反恐怖融资的法律制度，利用数字人民币的安全防控技术、大数据分析技术，做好对数字人民币非法交易信息的监测与处置。金融监管机构、金融机构职员应当知晓相关法律制度（见专栏 9.1）。

专栏 9.1 反洗钱法律制度概览

一、《中华人民共和国刑法修正案（十一）》

十四、将刑法第一百九十一条修改为：“为掩饰、隐瞒毒品犯罪、黑社会性质的组织犯罪、恐怖活动犯罪、走私犯罪、贪污贿赂犯罪、破坏金融管理秩序犯罪、金融诈骗犯罪的所得及其产生的收益的来源和性质，有下列行为之一的，没收实施以上犯罪的所得及其产生的收益，处五年以下有期徒刑或者拘役，并处或者单处罚金；情节严重的，处五年以上十年以下有期徒刑，并处罚金：

“（一）提供资金账户的；

“（二）将财产转换为现金、金融票据、有价证券的；

“（三）通过转账或者其他支付结算方式转移资金的；

“（四）跨境转移资产的；

“（五）以其他方法掩饰、隐瞒犯罪所得及其收益的来源和性质的。

“单位犯前款罪的，对单位判处罚金，并对其直接负责的主管人员和其他直接责任人员，依照前款的规定处罚。”

二、司法解释及司法解释性文件

2009 年 11 月 11 日,《最高人民法院关于审理洗钱等刑事案件具体应用法律若干问题的解释》(法释〔2009〕15 号)。

三、行政法规与部门规章

2006 年 10 月 31 日,《中华人民共和国反洗钱法》。

2006 年 11 月 14 日,《金融机构反洗钱规定》(中国人民银行令〔2006〕第 1 号)。

2006 年 12 月 28 日,《金融机构大额交易和可疑交易报告管理办法》(中国人民银行令〔2006〕第 2 号)。

2007 年 6 月 11 日,《金融机构报告涉嫌恐怖融资的可疑交易管理办法》(中国人民银行令〔2007〕第 1 号)。

2007 年 6 月 21 日,《金融机构客户身份识别和客户身份资料及交易记录保存管理办法》(中国人民银行中国银监会中国证监会中国保监会令〔2007〕第 2 号)。

2014 年 11 月 15 日,《金融机构反洗钱监督管理办法(试行)》(银发〔2014〕344 号)。

2009 年 8 月 18 日,《证券公司反洗钱客户风险等级划分标准指引(试行)》(中证协发〔2009〕110 号)。

2005 年 3 月 10 日，公安部、中国人民银行《关于可疑交易线索核查工作的合作规定》(公通字〔2005〕15 号)。

2014 年 12 月 29 日，中国银监会、最高人民检察院、公安部、国家安全部《关于印发银行业金融机构协助人民检察院公安机关国家安全机关查询冻结工作规定的通知》(银监发〔2014〕53号)。

四、其他文件

2022年1月26日，中国人民银行、公安部、国家监察委员会、最高人民法院、最高人民检察院、国家安全部、海关总署、国家税务总局、银保监会、证监会、国家外汇管理局《打击治理洗钱违法犯罪三年行动计划(2022—2024年)》。

纵观形形色色的数字人民币骗局，大都与居民个人信息泄露有关。央行与金融机构加强个人信息保护，规范监管与各项业务中的信息采集、使用流程，将在很大程度上避免信息泄露问题。“数字人民币(试点版)”App、各运营机构的App等在设计中已注意到了个人信息与隐私保护的问题，在居民注册“数字人民币(试点版)”App或使用数字钱包时，以书面形式明确规定了《App个人信息保护政策》①。这是以使用协议的方式规范个人信息采集使用行为。

货币法、金融监管法应明确央行与金融机构采集个人信息的“禁区”，在涉及个人信息保护方面，货币持有者、交易者成为个人数据的权利主体，享有对数字人民币数据进行查询、下载、留存、删除等的权利。央行与金融机构虽享有合法采集、利用数据的权利，但也是保护个人数据的义务主体。央行、金融机构采集

① 目前“数字人民币(试点版)”App的《App个人信息保护政策》的生效日期为2022年1月4日。

个人数据时，应当依法履行职责，恪守正当程序，获取主体同意，限定适用范围。央行、金融机构使用个人信息时，应履行更加严格的管理义务与安全保障义务，对个别交易信息进行脱敏、隐蔽等处理，禁止将未经识别的信息适用于监管和调控领域。在个人明确授权的情形下，监管机构、金融机构合理利用必要的个人信息，应采取验证方式确保加密数据安全，在必要时设置触发条件自动销毁相关数据。强化央行、金融机构的保密职责与义务，严惩泄露居民货币交易信息行为。

明确技术规范，健全法律制度，仅仅是为居民确立了救济权利与救济依据。居民还需要救济渠道，以在权利遭受侵害时获得救济。央行与金融机构可设置线上实时救济渠道，利用智能合约的预设条件或监督节点特权，根据居民的诉求截取不法分子非法转移数字人民币的数据。此外，央行、金融机构还应为居民提供线下救济渠道，方便居民以诉讼等方式维护合法权益。

居民怎么办

正确认识“数字人民币（试点版）”App

针对形形色色的骗术，居民更应该加强安全防范意识，知晓“数字人民币（试点版）”App及其适用范围，明确数字人民币能做什么、不能做什么，掌握数字人民币的使用方式。

对于“数字人民币（试点版）”App，居民应当明确以下要点：其一，数字人民币仍然处于，并将长期处于试点阶段。因此，除数字人民币官方活动的中签通知外，中国人民银行或商业银行不可能通过微信或电话通知用户注册“数字人民币（试点版）”App。居民不要安装和下载不明来源的所谓的“数字人民币（试点版）”App。其二，我国目前仅有“数字人民币（试点版）”App和各商业银行的官方App在注册、登录、使用时，会要求用户提供相关信息。其他App均无权要求用户先提供注册账号、密码、支付密码等认证信息才能使用数字人民币。即便微信支付、支付宝上可以使用数字人民币，那也只是用户注册了微众银行和网商银行，通过相关的接口端联结到了“数字人民币（试点版）”App或各银行的App。微信支付、支付宝等本身并不能直接使用数字人民币。

在使用数字人民币时，应当牢记以下几点：第一，数字人民币是与纸钞和硬币具有同等地位的法定货币，是不计任何利息的，无论何时，任何关于数字人民币推广获利、返现、缴纳保证金的说法，都是欺诈行为。第二，用户应当通过中国人民银行、地方政府、官方公布的参与机构等正规途径，获取有关数字人民币的权威资讯。警惕仿冒App和短信，不要随意点击网站、App、电子邮件、短信中的链接，避免感染病毒或泄露信息。第三，用户在使用“数字人民币（试点版）”App及银行App之外的平台时，应当小心谨慎，避免泄露自己的账号、密码、身份证号等个人信息。第四，用户应当牢记，任何人、任何机构与任何组织都无权获取自己的密码。作为数字人民币的注册用户，要拒绝任何索取“数字人民币（试点版）”App 登录和交易密码的要求。

依法维护自身合法权益

居民还需要认真学习相关法律知识，增强权利义务意识，学会用法律武器保护自身的合法权益。

居民应当明确法律意义上的隐私与个人信息，知晓我国民法、刑法相关规定及技术规范。《中华人民共和国民法典》确立了隐私与个人信息的二元保护。在各类个人信息中，纯粹的隐私信息可被视为隐私权客体，部分隐私性信息和纯粹的个人信息属于特殊的人格权客体。个人信息受到侵害的，可根据相关情形分别适用总则、人格权编或侵权编的规定，还可以适用《中华人民共和国网络安全法》《中华人民共和国个人信息保护法》等相关规定（见专栏 9.2）。

居民应当明确个人享有的知情同意权。我国相关技术规范要求，取得信息主体明示同意后，可处理个人的敏感信息。例如，对于个人金融信息，应由符合资质的机构采集 C3、C2 类别信息，确保数据来源的可追溯性，引导信息主体查阅隐私政策必须取得其明示同意①。倘若通过 App 办理金融业务，还需同时遵循收集个

① 2020 年 2 月 12 日中国人民银行《个人金融信息保护技术规范》第 6.1.1 条。

人信息的基本要求（见专栏 9.2）。

专栏 9.2 个人信息与隐私保护制度概览

一、《中华人民共和国民法典》

第一百一十一条 自然人的个人信息受法律保护。任何组织或者个人需要获取他人个人信息的，应当依法取得并确保信息安全，不得非法收集、使用、加工、传输他人个人信息，不得非法买卖、提供或者公开他人个人信息。

第一百二十七条 法律对数据、网络虚拟财产的保护有规定的，依照其规定。

第一千一百九十四条 网络用户、网络服务提供者利用网络侵害他人民事权益的，应当承担侵权责任。法律另有规定的，依照其规定。

第一千一百九十五条 网络用户利用网络服务实施侵权行为的，权利人有权通知网络服务提供者采取删除、屏蔽、断开链接等必要措施。通知应当包括构成侵权的初步证据及权利人的真实身份信息。

网络服务提供者接到通知后，应当及时将该通知转送相关网络用户，并根据构成侵权的初步证据和服务类型采取必要措施；未及时采取必要措施的，对损害的扩大部分与该网络用户承担连带责任。

权利人因错误通知造成网络用户或者网络服务提供者损害的，应当承担侵权责任。法律另有规定的，依照其规定。

第一千一百九十六条 网络用户接到转送的通知后，可以向网络服务提供者提交不存在侵权行为的声明。声明应当包括不存在侵权行为的初步证据及网络用户的真实身份信息。

网络服务提供者接到声明后，应当将该声明转送发出通知的权利人，并告知其可以向有关部门投诉或者向人民法院提起诉讼。网络服务提供者在转送声明到达权利人后的合理期限内，未收到权利人已经投诉或者提起诉讼通知的，应当及时终止所采取的措施。

第一千一百九十七条 网络服务提供者知道或者应当知道网络用户利用其网络服务侵害他人民事权益，未采取必要措施的，与该网络用户承担连带责任。

二、特别法（条文略）

2016 年 11 月 7 日,《中华人民共和国网络安全法》。

2021 年 8 月 20 日,《中华人民共和国个人信息保护法》。

三、技术规范（内容略）

2020 年 2 月 12 日，中国人民银行《个人金融信息保护技术规范》。

2022 年 4 月 24 日，全国信息安全标准化技术委员会《信息安全技术 移动互联网应用程序（App）收集个人信息基本要求（GB/T 41391—2022）》。

此外，居民应当了解电信诈骗风险防控制度，明确关于盗窃罪、诈骗罪等的刑法条文，经常关注金融机构、电信公司及公安机关发布的相关风险警示、通知或宣传知识，增强风险防范意识（见专栏 9.3）。

专栏 9.3 电信诈骗风险防控制度概览

一、《中华人民共和国刑法》（条文内容略）

第二百六十四条【盗窃罪】

第二百六十五条【盗窃罪】

第二百六十六条【诈骗罪】

第二百八十五条【非法侵入计算机信息系统罪】【非法获取计算机信息系统数据、非法控制计算机信息系统罪】【提供侵入、非法控制计算机信息系统程序、工具罪】

第二百八十六条【破坏计算机信息系统罪】

第二百八十六条之一【拒不履行信息网络安全管理义务罪】

第二百八十七条【利用计算机实施犯罪的提示性规定】

第二百八十七条之一【非法利用信息网络罪】

第二百八十七条之二【帮助信息网络犯罪活动罪】

二、司法解释及司法解释性文件（内容略）

2019 年 6 月 3 日，《关于办理非法利用信息网络、帮助信息网络犯罪活动等刑事案件适用法律若干问题的解释》（法释〔2009〕15 号）。

三、行政法规与部门规章（内容略）

2016 年 3 月 18 日，《中国人民银行 工业和信息化部 公安部 工商总局关于建立电信网络新型违法犯罪涉案账户紧急止付和快速冻结机制的通知》(银发〔2016〕86号)。

2017年9月30日,《中国人民银行关于加强支付结算管理 防范电信网络新型违法犯罪有关事项的通知》(银发〔2016〕261号)。

2017年9月4日,《中国人民银行 中央网信办 工业和信息化部 工商总局 银监会 证监会 保监会关于防范代币发行融资风险的公告》。

2018年3月24日,银保监会、中央网信办、公安部、人民银行、市场监管总局《关于防范以“虚拟货币”“区块链”名义进行非法集资的风险提示》。

2019年12月27日,北京市地方金融监督管理局、人民银行营业管理部、北京银保监局、北京证监局《关于进一步防范“虚拟货币”交易活动的风险提示》。

2021年3月16日,中国人民银行重庆营业管理部、重庆市地方金融监督管理局《关于谨防虚拟货币交易活动的风险提示》。

结　语

第十章
走向未来的数字人民币

我国已将数字人民币的研发推广纳入“十四五”规划及数字经济规划，试点涉及省份亦将其列入数字经济规划中，为数字人民币的试点及应用描画了宏伟蓝图。展望未来，数字人民币将成为我国数字经济的“支付底座”，有利于推动构建新发展格局，有利于推动建设现代化经济体系，有利于推动构筑国家竞争新优势。

第一节　数字人民币助推数字中国建设

“十四五”规划明确要求，“加快数字化发展，建设数字中国”。数字中国的建设包括数字经济、数字社会、数字政府三个主要领域，直接将数据纳入生产要素并通过数字化转型整体驱动生产方式、生活方式和治理方式的变革。

数字人民币与数字中国

我们可以从数字经济、数字社会、数字政府三个领域来分析数字人民币与数字中国的创新融合。从数字人民币发行、流通的管理架构来说，坚持“中国人民银行的中心化管理、通过指定运营机构参与数字人民币的流通服务”这一双层运营体制，不仅涉及数字央行、数字政府的建设，也涉及指定运营机构的数字经济转型。数字人民币在流通中以广义账户体系为基础，并支持银行账户的松耦合功能，直接将数字人民币的持有者纳入了数字社会的新生活。数字人民币通过数字技术使人民币以数字形式实现了价值转移，提升了法人单位和公民个人的数字社会体验，人民群众得到了“安全普惠、创新易用”的社会公共服务，为构建全民数字生活创造了契机。

因此，数字人民币在发行、流通的过程中，全面整合了数字经济、数字社会、数字政府这三个方面。数字人民币的发展不是仅靠以中国人民银行为代表的数字政府转型就可以实现的，还需要商业银行和其他指定运营机构一同实现企业的数字化转型，并在前期试点测试的基础上，不断扩大数字人民币的应用场景，让广大人民群众通过持有和使用数字人民币来体验数字社会的畅通便利。

数字人民币对数字经济、数字社会、数字政府的集中整合，除了需要及时构建数字人民币相关的法律法规和政策，其核心要素还是实现数字人民币从发行到流通的各个环节的数字化互联互通。当今的信息社会已经经历了互联网和移动互联时代，计算机应用已经在全社会普及，但是信息社会与数字社会的关键差异就在于，数字社会能够实现信息孤岛的数字化互联互通。数字人民币的建设在纵向整合数字经济、数字社会、数字政府三个方面的同时，也横向连接了信息孤岛，打破了地方保护主义，更加公开、公平、公正，有利于推进全国统一大市场的建设。

数字人民币服务数字中国的组织驱动力

我国实施的“东数西算”工程作为一项关键的新基础设施建设，构造了数字人民币发行和流通的基础。“东数西算”通过构建数据中心、云计算、大数据一体化的新型算力网络体系，使中国的数据中心和算力资源在东部地区和西部、中部地区得到了优化布局，也为数字人民币的发行和流通奠定了强大的物质和技术基础。

数字人民币的发展除了需要科技驱动力，还需要组织驱动力。以央行为代表的数字政府、以指定运营机构为代表的数字经济主体，是数字人民币建设的主要组织驱动力。

目前，数字人民币的指定运营机构包括六家大型国有商业银行、招商银行、网商银行和微众银行。展望未来，其他银行也将陆续参与数字人民币试点。中国人民银行是中央银行，并没有直接为消费者个人服务的法定职责。因此，各家银行作为数字人民币流通渠道的服务供应商，必然会承担数字人民币试点及应用推广的主要工作。

我们在思考数字人民币的组织驱动力时，考察了现有部分指定运营机构以及未来可能成为指定运营机构的金融机构的基本经营状况（见表 10.1）。统计数据表明，当前中国银行业金融机构的运营情况千差万别。首批入选数字人民币指定运营机构的六大国有商业银行占我国银行业法人机构数量的比例为 0.25%，总资产占比为 43.3%，总负债占比为 43.1%，税后利润占比为 53.3%。而 1539 家农村商业银行占我国银行业法人机构数量的比例为 65.2%，总资产占比仅为 11.3%，总负债占比为 11.3%，税后利润占比为 9.5%。

表 10.1　2020 年我国银行业金融机构经营状况

银行类型	法人机构数量 / 家	总资产 / 亿元	总负债 / 亿元	税后利润 / 亿元
政策性银行	3	294096	275127	1168.9
大型商业银行	6	1284290	1177864	10924.6
股份制商业银行	12	578325	532425	4106.6

续表

银行类型	法人机构数量 / 家	总资产 / 亿元	总负债 / 亿元	税后利润 / 亿元
城市商业银行	133	410699	381540	2145.6
农村商业银行	1539	334004	308342	1952.8
农村合作银行	27	3191	2966	8.4
农村信用社	641	58717	55212	174.3
小计	2361	2963322	2733476	20481.2

资料来源：中国银行保险监督管理委员会统信部．“数说十三五发展成就”银行业专题 [EB/OL]. 中国银行保险监督管理委员会网站，[2021-03-12] . http://www.cbirc.gov.cn/cn/view/pages/ItemDetail.html?docId=970583&itemId=954&generaltype=0.

尽管银行业金融机构的经营状况并不能与其服务能力画等号，但是，这些机构的经营状况会对未来数字人民币的流通产生较大影响。特别是，数字人民币的发行和流通本身就是运营企业的数字化转型的过程。大型国有商业银行和股份制商业银行对数字经济的适应能力更强，而数量庞大、面向“三农”的农村商业银行、农村合作银行、农村信用社的数字化转型却面临人才、资金、技术、基础设施等重重挑战，直接影响到数字人民币的覆盖、流通范围。

但与此同时，数字人民币的发行和流通也为金融机构实现数字经济转型提供了历史机遇，参与数字人民币的流通服务与运营机构自身的数字经济转型相辅相成。如果我国的银行业金融机构下决心向数字经济转型，那么就一定要融入数字人民币的流通服务。

第二节 数字人民币助力碳达峰、碳中和

为实现“双碳”目标[①]，中国人民银行确定了“三大功能”“五大支柱”的绿色金融发展政策思路。如何建立绿色金融体系，助推“双碳”目标的实现，是金融业及全社会主体都要深思的问题。数字人民币作为绿色金融的重要组成部分，将在数字经济时代发挥重要作用。

数字人民币在碳达峰、碳中和中的应用

数字人民币的特性使其支付不受物理条件限制，因此可成为助力碳达峰、碳中和的重要基础设施。数字人民币相对于实物人

① 2020 年 9 月 22 日，国家主席习近平在第七十五届联合国大会上宣布：“中国将提高国家自主贡献力度，采取更加有力的政策和措施，二氧化碳排放力争于 2030 年前达到峰值，努力争取 2060 年前实现碳中和。”2021 年 10 月 24 日，《中共中央 国务院关于完整准确全面贯彻新发展理念做好碳达峰碳中和工作的意见》发布。该意见作为碳达峰、碳中和“1+*N*”政策体系中的“1”，对碳达峰、碳中和这项重大工作进行了系统谋划、总体部署。

民币，免去了金融机构处理、库存和运送货币的高昂成本，更加环保、高效、便捷、安全，不仅能大幅降低货币的制造、流通和储存成本，还能大幅降低交易成本、提升交易效率。

数字人民币有助于带动公众节能减排

通过深入衣、食、住、行等各大消费场景，数字人民币可以直接带动用户节能减排。

目前，作为数字人民币推广的排头兵、绿色金融的重要实践者，金融机构将全新的碳普惠商业模式、数字金融、智慧生活等理念协同推进，努力在国内绿色出行、低碳减排方面形成示范带动效应。例如，中国工商银行联合北京如易行科技有限公司，在北京推出“京彩通行——亿通行 1 分钱乘地铁”数字人民币优惠活动，乘客通过“亿通行”App 领取乘车券后，选择数字人民币支付方式，只需支付 1 分钱即可乘坐一次地铁[①]。又如，美团上线数字人民币试点第一个月，累计有超过 100 万用户开立数字人民币个人钱包，累计骑行 889.96 万公里，与驾驶燃油车相比，同等运量下预计可减少碳排放量约 2400 吨。而在同样的时间周期内，开立数字人民币个人钱包用户的绿色出行频次比普通用户平均高出 8.14%。试点形成了良性循环：数字人民币的创新应用为公众提供

---

① 数字人民币 + 互联网场景，撬动数币绿色低碳新价值 [EB/OL]. 新经济 Review 新浪财经头条号，[2021-11-09] . https://t.cj.sina.com.cn/articles/view/6213020380/172532adc00100vdyu?sudaref=cn.bing.com&display=0&retcode=0.

了更加绿色、普惠的出行选择，而公众又把对数字人民币的热情转化为了更大的绿色出行动力①。

可见，数字人民币技术和互联网场景的叠加发力，可以极大地释放环保能量，既能够为数字人民币的普及推广创造条件，又能够实现与“双碳”目标的有效协同，将绿色金融、低碳环保理念送至更多用户，也为同行业以数字人民币为抓手助力“双碳”目标实现提供了可用范例。

数字人民币有助于绿色资金落地

数字人民币具有“小额资金匿名，大额资金可追溯”的特点，既能促进资金流转，又满足了国家进行资金监管的要求，有助于高效推进绿色资金的落地使用。一方面，“小额匿名”满足了数字人民币保护个人信息与用户隐私的要求，能够实现日常交易系统的有效运转，有利于促进大众积极使用数字人民币，并参与绿色相关消费；另一方面，“大额可溯”能确保大额资金流转透明、可追溯，实现了对资金使用的有效监控。具体而言，央行及相关部门在有需要时可通过数字人民币监测节能补贴、绿色金融资金流等，降低沟通成本，确保绿色金融评价的真实性，最终提高监管效率。

---

① 美团单车数字人民币试点上线一个月吸引用户超百万 [EB/OL]. 新浪科技，[2021-10-20] . https://finance.sina.com.cn/tech/2021-10-20/doc-iktzqtyu2402282.shtml.

数字人民币有助于促进国际绿色投融资

实现碳达峰、碳中和的“双碳”目标，对资金有巨大的需求，“双碳”目标带来的机遇也会吸引大量国内外投资。按照国家气候战略中心测算，从2020年到2060年，中国要实现碳中和，总投资规模将高达139万亿元。数字人民币的使用可能改变以分布在全球各地的代理行和清算行关系为基础的跨境支付格局。数字人民币可在全天候运行的点对点系统上转账，促使传统的多级代理银行结构扁平化，从而缩短支付链，减少交易时间，使跨境支付更便利普惠。此外，数字人民币通过加载不影响货币功能的智能合约，能够实现可编程性，根据交易双方商定的条件规则进行自动支付交易，从而降低外汇交易成本，并可通过更大规模的资产通证化降低证券发行成本。由此，将在确保各央行数字货币互通性的基础上，进一步提升国际层面的绿色投融资交易频次，从而推动绿色资金更广泛、有效地流动和使用。

数字人民币促进碳达峰、碳中和的路径选择

稳步推进试点，解决技术难题

数字人民币的平稳、健康发展，是其在实现“双碳”目标中发挥作用的牢固基础。优化数字人民币的顶层设计，以应对数字

货币可能存在的加剧金融脱媒、引发银行挤兑、削弱货币政策等宏观风险，从而实现数字人民币的稳步发展和国民经济的持续稳定。

利用技术进步更好地解决数字人民币运行中的信息安全管理问题，发挥新兴技术在信息保密、成本节约、效率提高等方面的优势，不断优化数字人民币的性能，针对数字人民币的各种应用场景不断优化升级、提高服务能力，增强大众对数字人民币的使用意愿，保障数字人民币在技术安全方面实现稳定运行，为后续银行等金融机构关于数字人民币的创新和绿色投融资水平的提高等提供技术支撑。

协同开展研发，开拓绿色场景

商业银行、支付机构等主体应积极主动配合中国人民银行的政策和举措，并辅助中国人民银行开展有关调研，以促进数字人民币的精准、合理投放，推动绿色资金更好地落地和使用。

商业银行等金融机构需积极发掘数字人民币的使用场景，主动拓展与数字人民币相关的绿色金融以及日常消费的业务、服务与交易形式，引导数字货币真正融入居民生活。同时，拓展企业的支付结算手段及投融资渠道，为企业的绿色投融资提供便利。

参与试点共建，融入绿色低碳生活

企业应主动做数字人民币以及绿色生活的倡导者，积极思考如何创造性地将数字人民币与绿色消费有机结合，从而吸引、鼓励更多的客户、消费者群体参与到数字人民币的使用以及绿色转型的切实行动中。

第三节　数字人民币的国际化

数字人民币亦将助推人民币国际化的进程。近年来，新冠肺炎疫情、俄乌冲突等“黑天鹅”事件频发，人民币国际化面临诸多挑战。面对“百年未有之大变局”，我国应主动迎接挑战、直面困难与问题，积极探索出一条数字人民币国际化的路径。

数字时代的人民币国际化

人民币国际化的挑战

一国法定货币的法偿性仅在该国内部才有效，无法延伸到国外市场。在国际层面，货币发行的垄断为国际货币竞争所取代，货币的强制接受为自由选择所取代。在这种情况下，市场主体只能被说服去接受某种货币，而不能被强制使用某种货币。美元一直是主要的国际储备货币，其霸权地位短期内难以撼动。在这样的背景下，人民币国际化道阻且长。

此外，新冠肺炎疫情的暴发及全球蔓延极大损害了国际经贸往来，我国的跨境旅游及其他服务贸易也受到了沉重打击。面对疫情对经济的冲击，各国央行为避免通胀必然会实行不同程度的紧缩政策，使后疫情时代的全球经济面临一定程度的衰退风险，金融领域的不确定性增加，也给人民币的国际化道路增加了一定阻碍。

数字人民币如何化解困境

随着国际电子商务的发展，便捷廉价的跨境支付需求飞速增长。尤其是在新冠肺炎疫情全球肆虐的背景下，电子商务和在线服务应用广泛，对“无接触支付”的需求也在日益增长。在此背景下，数字人民币被寄予厚望。

第一，数字人民币作为大国主权数字货币的代表，能够成为国际贸易、跨国资本流动、跨国产业投资中的计价、支付和结算手段，并能够在国际社会中扮演重要的储备货币角色。若中国在未来与更多的伙伴国签订双边货币互换协议，人民币在国际贸易、金融交易中的流通量和在国际储备中的份额将得以提升，人民币跨境支付系统就会有更大的应用市场。

第二，数字人民币的数据信息将成为巨大的数字资产，央行可以利用技术优势、数据优势和先进的设计理念来提升数字人民币的国际地位。未来，数字人民币需要在兼顾人民币信用的基础上，研发新的技术方案和设计理念，以应对越来越多的应用场景，提高数字人民币在国际上的接受度，以促进人民币国际化。

第三，数字人民币能进一步提升人民币的话语权，有利于中国参与央行数字货币国际规则的制定。而且，中国能向其他国家提供央行数字货币的研发经验、应用场景经验等，由此进一步提升人民币的国际地位。

第四，数字人民币的发展在一定程度上丰富了央行的货币政策工具箱，有助于维持货币政策的独立性和币值的稳定性。从英镑、美元、日元、欧元等货币的国际化经验和教训来看，在实体经济健康发展的前提下，货币国际化成功的关键是币值稳定，这样才能稳定国际社会预期，有助于各国接受该货币作为国际支付、结算、投资和储备货币。数字人民币作为更安全的电子支付工具，能够加快金融资产转换的速度，保持人民币的币值稳定。

数字人民币国际化面临的挑战

数字人民币的国际化道路可谓机遇与挑战并存。把握好机遇，就能够把优势转化成胜势。最明显的机遇就是，我国有庞大的用户群体和实践场景。我国已成为全球互联网应用第一大国，拥有全球最多网民，同时也是全球互联网技术引领大国，推动着全球互联网技术进步。我国已经建成较为完善的金融基础设施，随着5G 网络在全国全面启动建设，一个覆盖全国绝大多数地理空间单元的互联互通的高速互联网与物联网体系正逐渐形成并日益完善，为数字人民币的发行与流通创造了完善的金融基础设施及技术支持体系。

随着人民币和数字人民币国际化进程的不断深入，数字人民币和境外数字货币的对接是必将面临的现实问题。这一过程不可避免地会存在一定的风险，也就是数字人民币国际化面临的挑战。

系统性风险

系统性风险主要是指在数字人民币与境外数字货币的对接过程中，存在一些技术性漏洞，被不法分子利用。因为这一对接过程往往发生在跨境交易或者人民币国际化结算的过程中，可能会存在网络黑客攻击导致的系统性风险。

洗钱风险

我国当前反洗钱政策法规对数字人民币的携带缺乏明确的规定，不法分子可能会利用这一点。例如，当前的数字人民币往往以数字人民币钱包的形式存放，不法分子就很可能通过手机钱包，在境外用数字人民币进行消费和投资。而数字人民币具有“小额匿名”的特性，一些不法分子可能会利用数字人民币进行洗钱等犯罪活动，造成“蚂蚁搬家”似的资金外流。

竞争风险

数字货币不仅在经济领域具有举足轻重的地位，还是数字时代争夺货币国际话语权的重要工具。无接触支付和数字支付逐渐成为重要的支付方式，在未来的支付领域，由于货币作为一般等价物具有独占性和排他性，可以预见，主权数字货币与私人数字货币、主权数字货币之间将会发生激烈的竞争。这种竞争会增加金融系统的不确定性，累积叠加系统性风险，影响货币市场和资本市场的稳定。

数字人民币国际化的路径选择

数字人民币作为信用货币，其国际化进程主要还是受我国经济金融实力及资本流动管理等影响，金融科技在中短期内对人民币国际化的加持作用不一定明显。但从长期来看，在本国经济体量大、金融市场发达、资本流动相对自由的前提下，数字人民币的发行和流通将有助于提升境外主体对人民币的需求，进而促进人民币的国际使用，推进人民币国际化。央行等相关部门要充分激发数字人民币在跨境支付方面的潜力，继续“多边央行数字货币桥”等跨境支付体系设计方面的合作，在充分考量风险的前提下，拓展数字人民币的功能和应用场景，为应对外币替代、金融制裁和强化货币主权开辟新的道路。

数字人民币与“一带一路”倡议

中国通过对外基础设施投资、大宗商品进出口贸易等渠道，提升了“一带一路”沿线国家和地区对人民币的接受度，为在境外推广数字人民币奠定了良好的市场基础。首先，畅通数字人民币的跨境支付渠道，可以为双边贸易或多边贸易提供高效、安全的结算服务，更好地满足“一带一路”沿线国家和地区的主要贸易需求。其次，可以借助数字人民币的可追踪性等特性，缓解国际贸易中的信息不对称，降低国际投融资风险和产业投资结构风险。最后，在中国与“一带一路”沿线国家和地区的合作中，可以协同建设数字化的新型基础设施，助推数字人民币走出国门。

数字人民币与 RCEP

可以利用《区域全面经济伙伴关系协定》(*Regional Comprehensive Economic Partnership*，RCEP）正式签署的契机，与相关国家和地区签订货币互换协议，构建数字人民币的结算清算机制，并通过投资的自由化和便利化推动数字人民币国际化。RCEP 是中国、日本、韩国、澳大利亚以及新西兰等 15 个国家正式签署的自由贸易协定，是目前全球范围内涵盖人口最多、最具潜力的自由贸易协议，不仅在货物贸易、原产地规则以及海关程序与贸易便利化等方面做出规定，还就服务贸易、投资领域等方面做出规定，无疑会大大提高我国的对外开放水平和区域经济一体化水平。同时，RCEP 的签署会吸引成员国企业到中国投资，以享受更优惠的投资条件和更丰厚的投资回报。这会逐步提高国外市场主体对人民币和数字人民币的需求，为数字人民币国际化提供有效的市场基础。

数字人民币与大宗商品贸易

美元在石油进出口贸易结算中占据主导地位，极大地推动了美元的国际化发展。中国是全球最主要的石油消费国之一，石油年消费总量和年消费增长量已连续多年排名全球第一或第二。2021 年，中国与伊朗签署的《中伊 25 年全面合作协议》明确提出，中伊之间的石油结算将使用人民币作为结算货币。早在 2012 年的亚太经合组织工商领导人峰会期间，中国就已与俄罗斯达成中国可以用人民币购买任意数量石油的共识。人民币在石油结算中已经占据一席之地。数字人民币将进一步提高大宗商品国际贸易中人民币的结算比例，因其能够提高效率、使得交易更加透明、保障交易安全、减少信息不对称。

数字人民币与新能源合作

我国近年来一直致力于构建清洁低碳、安全高效的现代能源体系，并于 2020 年 9 月明确提出了“双碳”目标。自“一带一路”倡议提出以来，中国与“一带一路”沿线国家和地区都十分重视在绿色、低碳、可持续发展领域的合作。这有利于提升新能源合作的投资便利化程度，众多民间资本也可以通过加入丝路基金开立的数字人民币钱包，更便利地介入新能源投资项目。这不仅有利于缓解新能源基础设施项目投资周期长、资金需求量大的问题，也方便政府部门运用数字人民币的全生命数据对民间资本实施有效监管，进而稳步推进能源合作项目。

参考文献 e-CNY

[1] [中/英]厄瓜多尔推出了官方版“比特币”[EB/OL]. 未央网搜狐号，[2015-06-05].https://www.sohu.com/a/17804026_115173.

[2]“碰一碰”“扫一扫”数字人民币实现冬奥场景全覆盖[EB/OL]. 北青财经企鹅号，[2022-02-08].https://new.qq.com/omn/20220207/20220207A09P0P00.html.

[3]“数字英镑”了解下？英国人：谢谢不必了[EB/OL]. 新民晚报网易号，[2021-09-13].https://www.163.com/dy/article/GJPBI9RH0512DU6N.html.

[4]「得得周报」全球数字货币总市值较上周下跌约7.78%|11.22—11.28[EB/OL]. 快资讯，[2021-11-30].https://www.360kuai.com/pc/96c47ead4db89fe75?cota=3&kuai_so=1&sign=360_7bc3b157.

[5] 1.043亿元！海钢集团落地首单大额数字人民币缴税业务[EB/OL]. 网易新闻，[2022-01-08].https://c.m.163.com/news/a/GU0VJH7M0514B5VB.html.

[6] 2009年比特币发行价格是多少？比特币原始发行价介绍[EB/OL]. 币圈子，[2020-07-10].https://www.120btc.com/baike/btc/12271.html.

[7] 2020年中国进出口规模创历史新高[EB/OL]. 中华人民共和国商务部网站，[2021-02-10].http://www.mofcom.gov.cn/article/i/jyjl/l/202102/2021020

3038236.shtml.

[8] 2021 年数字经济规模达到 45.5 万亿元 [EB/OL]. 中国网资讯百家号，[2022-07-11].https://baijiahao.baidu.com/s?id=1738039836759961990&wfr=spider&for=pc.

[9] DCEP 领跑，世界各国央行数字货币的进展如何？[EB/OL]. 链得得搜狐号，[2020-09-23].https://www.sohu.com/a/420268842_100217347.

[10] KOSSE A，MATTEI I，王鑫 . 国际清算银行（BIS）：加速发展：2021 全球央行数字货币调查结果 [EB/OL]. 国研网，[2022-05-07].https://h5.drcnet.com.cn/docview.aspx?docid=6455006.

[11] Mt. Gox 平台比特币风暴再起 暴跌 50% 至 113 美元 [EB/OL]. 新浪网财经频道，[2014-02-21].http://finance.sina.com.cn/money/lczx/20140221/093118289557.shtml.

[12] 巴比特 . 日本央行和欧洲央行联合发布有关 Stella 项目第四阶段研究结果报告 [EB/OL].TechWeb，[2020-02-14].http://www.techweb.com.cn/blockchain/2020-02-14/2777121.shtml.

[13] 白津夫，葛红玲 . 央行数字货币理论、实践与影响 [M]. 北京：中信出版集团，2021:364-369.

[14] 包宏 . 美联储发行央行数字货币的基本概况、政策挑战以及对数字人民币的启示 [J]. 经济学家，2022（6）：119-128.

[15] 北大数字金融研究中心未名湖数字金融研究 . 央行数字货币将如何改变金融生态？[EB/OL]. 北京大学数字金融研究中心，[2020-06-19].https://idf.pku.edu.cn/bqzt/xw/503935.htm.

[16] 北京数字人民币试点“周年记”，冬奥全场景应用“一文读懂”[EB/

OL]. 贝壳财经企鹅号，[2022-01-26].https://new.qq.com/omn/20220126/20220126A07UXZ00.html.

[17] 比特币跌破4000美元 创424天来最低点[EB/OL]. 财新网，[2018-11-25].https://finance.caixin.com/2018-11-25/101351665.html.

[18] 比特币价格再度跌破3.2万美元 较今年最高价腰斩[EB/OL]. 新浪科技，[2021-05-24].https://finance.sina.com.cn/tech/2021-05-24/doc-ikmyaawc7166289.shtml.

[19] 比特币再次升破5000美元，发改委拟淘汰挖矿产业[EB/OL]. 观察者网，[2019-04-19].https://www.guancha.cn/internation/2019_04_09_496987.shtml.

[20] 比特币站上8000美元！不足两个月价格已翻倍[EB/OL]. 腾讯财经，[2019-05-14].https://finance.qq.com/a/20190514/000502.htm.

[21] 不下车、不开口、不进店、不付现 江苏银行南京分行“AI无感加油”打造智慧出行[EB/OL]. 新华报业网网易号，[2021-12-17].https://www.163.com/dy/article/GREH06310514TTJI.html.

[22] 蔡苏露. 英国推进数字货币开发的进展与挑战[EB/OL]. 中国社会科学网百家号，[2021-07-19].https://baijiahao.baidu.com/s?id=1705691035288851864&wfr=spider&for=pc.

[23] 柴洪峰. 对支付场景化的思考和探索[J]. 中国信用卡，2017(10)：13-19.

[24] 尝鲜！记者用数字人民币买了一件衣服 店员：你是第一单[EB/OL]. 中国宁波网，[2022-04-03].http://news.cnnb.com.cn/system/2022/04/03/030342723.shtml.

[25] CHE L. 挪威央行：目前没有推出数字货币的“迫切需求”[EB/OL]. 链得得搜狐号，[2020-11-10].https://www.sohu.com/a/430862267_100217347.

[26] 彻底炸锅！比特币突破 3 万美元大关，100 元狂赚 12 亿 [EB/OL]. 和讯网，[2021-01-03].https://www.163.com/dy/article/FVDBIOEQ0519D4UH.html.

[27] 陈斯斯 . 数字人民币亮相长沙！开通可领红包，你用了吗？[EB/OL]. 澎湃新闻，[2021-03-26].https://www.thepaper.cn/newsDetail_forward_11904944.

[28] 成都第二轮数字人民币活动①|成都将发 1200 万元绿色出行金，10 万个名额 [EB/OL]. 四川在线，[2021-07-02].https://sichuan.scol.com.cn/ggxw/202107/58202394.html.

[29] 成都落地数字人民币缴纳社保业务 [EB/OL]. 移动支付网，[2022-03-23].https://www.mpaypass.com.cn/news/202203/23105353.html.

[30] 成都邛崃市率先打造数字人民币试点示范区 [EB/OL]. 成都本地宝，[2021-05-28].http://cd.bendibao.com/news/2021528/124182.shtm.

[31] 成都数字人民币试点“多点开花”：除了红包，多家银行还探索了这些应用 [EB/OL]. 四川在线，[2021-03-09].https://sichuan.scol.com.cn/ggxw/202103/58078418.html.

[32] 春节期间美团数字人民币交易量大增 [EB/OL]. 新浪财经百家号，[2022-02-11].https://baijiahao.baidu.com/s?/id=17244259 13761609716.

[33] 春秋航空收获全国首个数字人民币机票订单 [EB/OL]. 东方财富网，[2021-04-26].https://finance.eastmoney.com/a2/202104161887522953.html.

[34] Clover. 乌拉圭央行推出数字货币 [EB/OL]. 暴走恭亲王搜狐号，[2017-11-07].https://www.sohu.com/a/202629875_286863.

[35] 崔杰 . 人民币数字货币与境外数字货币对接的风险防范研究：基于人民币国际化视角 [J]. 财会通讯，2021（18）：143-146.

[36] 大连完成首笔数字人民币买药 [EB/OL]. 中国银行保险报网，[2021-05-17].http://xw.cbimc.cn/2021-05/17/content_394182.htm.

[37] 大跳水！比特币跌破 2 万美元，创 18 个月以来最低价；特斯拉炒币浮亏 6 亿美金，马斯克看走眼了？ [EB/OL]. 证券时报 e 公司搜狐号，[2022-06-18].https://www.sohu.com/a/558608597_100023965.

[38] 大运会数字人民币硬件钱包发布，将深度打造应用场景 [EB/OL]. 移动支付网，[2022-03-29].https://www.mpaypass.com.cn/news/202203/29113640.html.

[39] 当乡村振兴“遇见”数字人民币 [EB/OL]. 信息新报网易号，[2022-05-22].https://www.163.com/dy/article/H804QT8V0552ADWT.html.

[40] 多地数字人民币试水“缴税”提升便利度同时有助打击逃税漏税 [EB/OL]. 金融界企鹅号，[2021-11-03].https://new.qq.com/omn/20211103/20211103A0AVNT00.html.

[41] 封思贤，杨靖 . 法定数字货币运行的国际实践及启示 [J]. 改革，2020（5）：68-79.

[42] 福州厦门两地 74 个高速收费站全部开通新支付方式 [EB/OL]. 厦门晚报，[2022-04-27].http://xm.fjsen.com/2022-04/27/content_31019799.htm.

[43] 复旦发展研究院金融研究中心 . 金融学术前沿：从 DC/EP 扩大试点分析数字人民币发展前景 [EB/OL]. 复旦发展研究院，[2020-10-20].https://fddi.fudan.edu.cn/cd/c3/c18965a249283/page.htm.

[44] 光明日报客户端：北航校园支付平台顺利接入数字人民币功能，为全国首家高校[EB/OL]. 北京航空航天大学新闻网，[2021-07-24].https://news.buaa.edu.cn/info/1006/53835.htm.

[45] 广东首家医院启用数字人民币[EB/OL]. 中国新闻网，[2022-05-05].https://www.chinanews.com.cn/cj/2022/05-05/9746866.shtml.

[46] 郭欣欣 . 数字人民币缴税业务场景在重庆落地[EB/OL]. 重庆商报企鹅号，[2022-06-01].https://new.qq.com/omn/20220601/20220601A0DCU200.html.

[47] 国际清算银行：关于中央银行数字货币的第三次调查[EB/OL]. 世链财经，[2021-12-02].https://www.shilian.com/redian/453198.html.

[48] 国际清算银行：即将到来：央行数字货币后续调查报告[EB/OL]. 凤凰新闻，[2020-02-05].https://ishare.ifeng.com/c/s/7tn6Py3ieLr.

[49] 国际清算银行[EB/OL]. 中华人民共和国外交部网站，[2022-07-21].https://www.fmprc.gov.cn/web/wjb_673085/zzjg_673183/gjjjs_674249/gjzzyhygk_674253/gjqsyh_674479/gk_674481/.

[50] 国新办举行 2021 年金融统计数据新闻发布会[EB/OL]. 国新网，[2022-01-18].http://www.scio.gov.cn/xwfbh/xwbfbh/wqfbh/47673/47730/.

[51] 海南全域展开数字人民币试点，成效几何？[EB/OL]. 界面新闻企鹅号，[2022-03-01].https://new.qq.com/omn/20220228/ 20220228A03AW500.html.

[52] 何柳颖 . 日本央行正式启动数字货币实验 数字货币全球性竞争加剧[EB/OL]. 新浪科技，[2021-04-07].https://finance.sina.com.cn/tech/2021-04-07/doc-ikmxzfmk5435227.shtml.

[53] 胡天娇 . 法国央行称大量批发型数字货币的发行或影响货币政策

传导[EB/OL].21世纪经济报道新浪号，[2021-11-09].https://finance.sina.cn/blockchain/2021-11-09/detail-iktzscyy4536901.d.html?oid=3998967715002974.

[54] 黄国平，丁一，李婉溶.数字人民币的发展态势、影响冲击及政策建议[J].财经问题研究，2021（6）：60-69.

[55] 黄国平.数字人民币发展的动因、机遇与挑战[J].新疆师范大学学报（哲学社会科学版），2022，43（1）：129-138，2.

[56] 黄敏学.数字人民币的市场发展与运作机理[J].人民论坛，2021（19）：78-81.

[57] 贾丽平.比特币的理论、实践与影响[J].货币理论与实践，2013（12）.

[58] 蒋梦莹.鲍威尔谈央行数字货币：对美国来说做对比做好第一件事更重要[EB/OL].澎湃新闻，[2020-10-20].https://www.thepaper.cn/newsDetail_forward_9633012.

[59] 金融科技深度研究 | 数字人民币带来的影响和机遇[EB/OL].金融科技笔记百家号，[2020-11-06].https://baijiahao.baidu.com/s?id=1683141847274257100.

[60] 京东集团已启用数字人民币发放薪酬和企业支付[EB/OL].DoNews企鹅号，[2021-04-25].https://new.qq.com/omn/20210425/20210425A0BHYC00.html.

[61] 京东企业业务支持数字人民币采购支付 加速业内推动数字化采购升级[EB/OL].世链财经，[2021-08-23].http://demo.shilian.com/zixun/426925.html.

[62] 景欣．法定数字货币的支付场景前瞻及对策建议 [J]. 经济体制改革，2021（2）：161–166.

[63] 景欣．法定数字货币中智能合约的构造与规制 [J]. 现代经济探讨,2021（10）：126–132.

[64] 科普｜数字人民币应用场景盘点 [EB/OL]. 交子链讯百家号，[2021-09-03].https://baijiahao.baidu.com/s?id=1709870454321741572&wfr=spider&for=pc.

[65] 克里斯蒂安·巴隆提尼，亨利·霍尔顿，徐菁．谨慎前行：中央银行数字货币调查 [J]. 金融市场研究，2019，79（5）：114–124.

[66] 蓝媒联盟·金华广电融媒体．金华成省内首个发放数字人民币消费券城市 [EB/OL]. 快资讯，[2022-05-12].https://www.360kuai.com/pc/99c940062f5ea2214?cota=3&kuai_so=1&sign=360_57c3bbd1&refer_scene=so_1.

[67] 李冰．数字人民币金融领域应用提速 多个应用场景“涉房”[EB/OL]. 新浪财经，[2022-06-15].https://finance.sina.com.cn/money/lczx/2022-06-15/docimizmscu6841341.shtml.

[68] 李嘉宝．15 省市 23 地区参与试点 数字人民币打开消费新蓝海 [EB/OL]. 中国经济网，[2022-07-25].http://district.ce.cn/newarea/roll/202207/25/t20220725_37902017.shtml.

[69] 零壹财经．数字人民币概述：属性、历程、动因及目标 [EB/OL]. 零壹智库 Pro，[2020-11-10].https://www.01caijing.com/article/271174.htm.

[70] 刘典．数字人民币：数字经济的生态重构与全球竞争 [J]. 文化纵横，2021（1）.

[71] 刘凯，郭明旭．央行数字货币的发行动机、设计方案及其对中国

的启示[J]. 国际经济评论，2021（3）：137-154，7.

[72] 刘向民．央行发行数字货币的法律问题[J]. 中国金融，2016，839（17）：17-19.

[73] 旅游、购物、餐饮……海南交行推动数字人民币在多个场景加速落地[EB/OL]. 中经海南搜狐号，[2021-05-20].https://www.sohu.com/a/467542329_117407.

[74] 美团单车数字人民币试点 上线一个月吸引用户超百万[EB/OL]. 新浪科技，[2021-10-20].https://finance.sina.com.cn/tech/2021-10-20/doc-iktzqtyu2402282.shtml.

[75] 莫开伟．数字人民币将如何影响行业格局？[EB/OL]. 移动支付网，[2022-01-14].https://www.mpaypass.com.cn/news/202201/14103042.html.

[76] 南山景区迎来数字人民币礼包[EB/OL]. 深圳商报搜狐号，[2021-06-23].https://www.sohu.com/a/473556621_121010226.

[77] 倪浩．萨尔瓦多使用比特币引发市场震荡[N]. 环球时报，2021-09-09（11）.

[78] 农业银行：助力建成四川首个数字人民币示范村[EB/OL]. 证券时报网，[2022-07-02].http://www.stcn.com/kuaixun/egs/202207/t20220702_4713920.html.

[79] 戚聿东，褚席．数字经济视阈下法定数字货币的经济效益与风险防范[J]. 改革，2019（11）：52-62.

[80] 全国率先！深圳面对香港居民开展数字人民币跨境支付测试[EB/OL]. 老杨说链企鹅号，[2021-04-01].https://new.qq.com/omn/20210401/20210401A06IYC00.html.

[81] 全国首创“农业碳汇+数字人民币+乡村振兴”新机制，就在厦门！[EB/OL]. 中国城乡金融报企鹅号，[2022-06-07].https://new.qq.com/omn/20220607/20220607A07CNU00.html.

[82] 全国首单数字人民币线下购物无理由退货完成[EB/OL]. 苏州市人民政府，[2022-07-23].https://www.suzhou.gov.cn/szsrmzf/szyw/202207/7e7a6b73d1024e3eb0c84e387336c696.shtml.

[83] 全国首个！长沙“解锁”数字人民币全场景全流程纳税缴费[EB/OL]. 洞庭湖边那些事儿搜狐号，[2021-12-27].https://www.sohu.com/a/511903914_121106908.

[84] 全国首家，山东国晟小贷成功实现数字人民币融资场景应用[EB/OL]. 中华网山东频道，[2022-04-22].https://sd.china.com/cjzx/20000936/20220422/25603407.html.

[85] 全国首例数字人民币股金在苏州冯梦龙村发放[EB/OL]. 潇湘晨报百家号，[2021-12-27].https://baijiahao.baidu.com/s?id=1720262999312210579&wfr=spider&for=p.

[86] 全球央行布局数字货币[EB/OL]. 中国商务新闻网百家号，[2021-06-07].https://baijiahao.baidu.com/s?id=1701887430035369330&wfr=spider&for=pc.

[87] 全省首笔数字人民币财政补贴资金发放[EB/OL]. 陕西省人民政府官网，[2021-10-08].http://www.shaanxi.gov.cn/xw/sxyw/202110/t20211008_2192936.html.

[88] 全省首个数字人民币缴纳诉讼费场景落地 相城法院服务群众再添“新招”[EB/OL]. 苏州市相城区人民法院澎湃号，[2021-12-17].https://

www.thepaper.cn/newsDetail_forward_15897836.

[89] 全运村内数字人民币场景实现“多点覆盖”[EB/OL].移动支付网，[2021-09-16].https://m.mpaypass.com.cn/news/202109/16143149.html.

[90] 全运会首张纸质门票以数字人民币支付方式售出[EB/OL].移动支付网，[2021-09-01]. https://m.mpaypass.com.cn/news/202109/01102708.html.

[91] 人民银行等五部委发布关于防范比特币风险的通知[EB/OL].中国政府网，[2013-12-05].http://www.gov.cn/gzdt/2013-12/05/content_2542751.htm.

[92] 人民银行召开数字人民币研发试点工作座谈会[EB/OL].中国人民银行网站，[2022-04-02].http://www.pbc.gov.cn/goutongjiaoliu/113456/113469/4524364/index.html.

[93] 萨尔瓦多作为全球首个将比特币作为法定货币的国家究竟是何方神圣[EB/OL].阿森侃文网易号，[2022-05-21].https://www.163.com/dy/article/H7TBF1FK0536UESH.html.

[94] 三峡融媒.数字人民币又来了！？等等，莫慌……[EB/OL].新浪看点，[2021-03-28].http://k.sina.com.cn/article_2346437860_8bdbcce401900v0tx.html.

[95] 上海首次以数字人民币形式发放企业人才补贴奖励[EB/OL].东方网，[2022-07-20]. http://news.eastday.com/eastday/13news/auto/news/china/20220720/u7ai10187835.html.

[96] 深圳晚报：深圳首笔数字人民币缴纳社保费落地[EB/OL].国家税务总局深圳市税务局，[2021-11-23].https://shenzhen.chinatax.gov.cn/ftqswj/gzdt/202111/084cc71a7efa433cb7d06da59d79cd53.shtml.

[97] 时隔15个月 比特币再度突破1万美元[EB/OL].财新网，[2019-

06-22].https://finance.caixin.com/2019-06-22/101430254.html.

[98] 市税务局：全程无接触 安全更快捷 兰溪完成首笔数字人民币缴税业务[EB/OL].兰溪市人民政府，[2022-07-19].http://www.lanxi.gov.cn/art/2022/7/19/art_1229288165_59259146.html.

[99] 首例港人数字人民币缴税背后，这个纳税场景还有哪些创新突破?[EB/OL].移动支付网，[2021-11-03].https://www.mpaypass.com.cn/news/202111/03170102.html.

[100] 数字化人民币在上海社区试点应用，可支付物业停车快递费等[EB/OL].澎湃新闻，[2021-04-17].https://www.thepaper.cn/newsDetail_forward_12257069.

[101] 数字人民币“社保医保缴费”上线[EB/OL].新浪科技，[2022-07-19].http://finance.sina.com.cn/tech/roll/2022-07-19/doc-imizmscv2390362.shtml.

[102] 数字人民币＋互联网场景，撬动数币绿色低碳新价值[EB/OL].新经济Review新浪财经头条号，[2021-11-09].https://t.cj.sina.com.cn/articles/view/6213020380/172532adc00100vdyu?sudaref=cn.bing.com&display=0&retcode=0.

[103] 数字人民币带你走进新消费、新场景、新业态[EB/OL].新浪财经百家号，[2021-08-27].https://baijiahao.baidu.com/s?id=1709226011948039054.

[104] 数字人民币何时正式推出？央行：目前还无时间表[EB/OL].中国经济网，[2021-04-13].http://www.ce.cn/xwzx/gnsz/gdxw/202104/13/t20210413_36468958.shtml.

[105] 数字人民币可缴存住房公积金[EB/OL]. 新华网广东频道，[2022-06-21].http://gd.news.cn/newscenter/2022-06/21/c_1128760193.htm.

[106] 数字人民币使用场景持续扩容 累计授信已超千万元[EB/OL]. 中国经济网百家号，[2022-07-14].https://baijiahao.baidu.com/s?id=1738279362819471692&wfr=spider&for=pc.

[107] 数字人民币首个养老服务场景落地[EB/OL]. 老杨说链企鹅号，[2021-09-10].https://new.qq.com/omn/20210910/20210910A0DKY000.html.

[108] 数字人民币也“打假”！央行揭示三种常见诈骗套路：假推广、假理财与假短信[EB/OL]. 南岳公安企鹅号，[2021-11-08].https://new.qq.com/omn/20211108/20211108A070SC00.html.

[109] 数字人民币智能合约应用现状：至少 5 大场景，近期步伐明显加快[EB/OL]. 链捕手搜狐号，[2022-02-21].https://www.sohu.com/a/524431883_100145824.

[110] 数字人民币助力乡村振兴 厦门国际银行打通农村普惠金融服务“最后一公里”[EB/OL]. 金台资讯企鹅号，[2022-04-29].https://new.qq.com/omn/20220429/20220429A07GXB00.html.

[111] 苏州这个村用数字人民币发股金分红，全国首次[EB/OL]. 苏州发布澎湃百家号，[2021-12-29].https://m.thepaper.cn/baijiahao_16065817.

[112] 孙扬 . 数字人民币将如何改变金融生态？[EB/OL]. 苏宁金融研究院微信公众号，[2020-10-21].https://mp.weixin.qq.com/s/dsprA5N3-V0aKdGCGXjaig.

[113] 谈数字人民币对我国金融系统的双重影响[EB/OL]. 移动支付网，[2021-12-23].https://www.mpaypass.com.cn/news/202112/23115813.html.

[114] 汤奎，陈仪珏．数字人民币的发行和运营：商业银行的机遇与挑战研究[J]. 西南金融，2020（11）：24-34.

[115] 陶立敏．数字人民币发展的机遇、挑战及政策建议[J]. 企业经济，2022，41（2）：5-16.

[116] 图说比特币十年 100个精彩的区块链瞬间[EB/OL]. 链门户，[2018-10-31].http://www.lianmenhu.com/blockchain-7339-79.

[117] 王便芳，魏慧敏．数字货币对我国金融体系的影响分析[J]. 征信，2021，39（8）：83-88.

[118] 王君晖．数字人民币加速"攻城略地" B端市场想象空间巨大[EB/OL]. 证券日报网，[2021-07-12].http://www.zqrb.cn/jrjg/hlwjr/2021-07-12/A1626024976693.html.

[119] 王柯瑾．从C端到G端 数字人民币多场景赋能[EB/OL]. 新浪看点，[2022-06-18].http://k.sina.com.cn/article_1650111241_625ab309020014lj8.html?from=news&subch=onews&sudaref=www.baidu.com&display=0&retcode=0.

[120] 委内瑞拉"石油币"介绍[EB/OL]. 南湖互联网金融学院搜狐号，[2018-07-03].https://www.sohu.com/a/239026018_774221.

[121] 温州首个数字人民币医疗支付场景 落地温州医科大学附属第一医院[EB/OL]. 温州市人民政府网站，[2022-04-21].http://www.wenzhou.gov.cn/art/2022/4/21/art_1217829_59162425.html.

[122] 吴锴文，郭泰麟，闫君涛．案例分析 | 电子克朗[EB/OL]. 人大金融科技研究所百家号，[2022-06-29].https://baijiahao.baidu.com/s?id=1736957652195588329&wfr=spider&for=pc.

[123] 西安银行联合西安水务集团落地全市首个自来水数字人民币应用

场景[EB/OL]. 搜狐城市—西安搜狐号，[2022-06-08].https://www.sohu.com/a/555305393_100185418.

[124] 谢金月 . 运钞车掉钱路人捡 盗窃还是侵占？[N]. 北京日报，2014-12-31（22）.

[125] 谢雨桐 . 挪威银行中央银行数字货币项目第三阶段的情况报告[EB/OL]. 数字经济法治评论网易号，[2021-12-09].https://www.163.com/dy/article/GQPN4F570552SMF5.html.

[126] 雄安首笔数字人民币缴税业务成功落地[EB/OL]. 雄安发布澎湃号，[2021-11-29].https://www.thepaper.cn/newsDetail_forward_ 15602466.

[127] 徐文彬 . 央行数字货币（DCEP）重塑银行体系的前景展望[J]. 税务与经济，2020（5）：29-36.

[128] 闫夏秋，杨鑫逸 . 数字人民币对存款货币的影响与协调对策[J]. 财会月刊，2022（3）：148-153.

[129] 央行首次发布数字人民币白皮书！供应链金融格局将有重大突破[EB/OL]. 万联智慧企鹅号，[2021-07-23].https://new.qq.com/omn/20210723/20210723A0DCF000.html.

[130] 央行数字货币的路径选择：批发型还是零售型？[EB/OL]. 梦舞清愁搜狐号，[2021-01-22].https://www.sohu.com/a/446128452_120048898.

[131] 央行数字货币研究所发布大批量岗位，技术岗占比近 7 成[EB/OL]. 链门户，[2022-01-23].http://www.lianmenhu.com/blockchain-28062-1.

[132] 杨望，蒋宁 . 比特币成了“数字黄金”（经济透视）[EB/OL]. 人民网，[2017-05-26].http://world.people.com.cn/n1/2017/0526/c1002-29300637.html.

[133] 杨泽原，丁奇．数字人民币专题研究报告：数字经济时代支付基础设施[EB/OL]. 未来智库官网新浪财经头条号，[2022-03-15].https://t.cj.sina.com.cn/articles/view/7426890874/1baad5c7a0010123az?sudaref=cn.bing.com&display=0&retcode=0.

[134] 杨哲，黄迈．场景金融：金融科技时代的银行服务转型变革[M]. 北京：机械工业出版社，2021.

[135] 姚前．法定数字货币的经济效应分析：理论与实证[J]. 国际金融研究，2019（1）：16-27.

[136] 姚前．理解央行数字货币：一个系统性框架[J]. 中国科学：信息科学，2017，47（11）：1592-1600.

[137] 叶凡．数字人民币对金融体系有何影响？梳理DC/EP产业链投资机会[EB/OL]. 元宇宙之家，[2022-07-21].https://www.lieyuncj.com/p/15984.

[138] 移动支付场景细分多元化发展 成为社会主流支付模式[EB/OL]. 光明网经济，[2020-08-31].https://share.gmw.cn/economy/2020-08/31/content_34138397.htm.

[139] 益言．2021年全球央行数字货币研究进展综述[J]. 中国货币市场，2021（11）：70-73.

[140] 运钞车遭追尾侧翻四脚朝天 车内三人被抛出[EB/OL]. 新浪网，[2016-03-06].https://news.sina.com.cn/s/wh/2016-03-06/doc-ifxqaffy3651267.shtml.

[141] 泽玲，雨林．数字人民币时代，第三方支付面临的挑战与机遇[EB/OL]. 币世界企鹅号，[2020-11-21].https://new.qq.com/omn/20201121/2020

1121A05F0M00.html.

[142] 张姝哲，韩兴国.数字人民币运营模式、政策影响与发展建议[J].理论月刊，2020（10）：50-58.

[143] 张姝哲.数字人民币的体系架构及其发行对经济运行的影响[J].企业经济，2020，39（12）：147-153.

[144] 浙江首笔数字人民币惠企资金支付成功 助力影院纾困[EB/OL].杭州网，[2022-06-06].https://news.hangzhou.com.cn/zjnews/content/2022-06/06/content_8273407.htm.

[145] 中国人民银行数字人民币研发工作组.中国数字人民币的研发进展白皮书[EB/OL].中国政府网，[2021-07-16].http://www.gov.cn/xinwen/2021-07/16/content_5625569.htm.

[146] 中国首笔数字人民币 B2B 支付结算在辽宁大连完成[EB/OL].中新网，（2021-03-15）.https://www.chinanews.com.cn/cj/2021/03-15/9432777.shtml.

[147] 中国银联发布 2021 移动支付安全大调查研究报告[EB/OL].新华网云南频道，[2022-01-28].http://yn.news.cn/finance/2022-01/28/c_1310445434.htm.

[148] 中国银行.2021 年人民币国际化白皮书：跨境供应链中的人民币[EB/OL].中国银行网站，[2022-06-02].https://pic.bankofchina.com/bocappd/rareport/202206/P020220602575215814295.pdf.

[149] 中国银行保险监督管理委员会统信部."数说十三五发展成就"银行业专题[EB/OL].中国银行保险监督管理委员会网站，[2021-03-12].http://www.cbirc.gov.cn/cn/view/pages/ItemDetail.html?docId=970583&itemId=954&generaltype=0.

[150] 中国支付清算协会 .2021 年支付体系运行总体情况 [EB/OL]. 中国政府网，[2022-04-03].http://www.gov.cn/xinwen/2022-04/03/content_5683319.htm.

[151] 中华人民共和国货币概况（2021 年 5 月）[EB/OL]. 中国人民银行货币金银局网站，[2021-06-03].http://www.pbc.gov.cn/huobijinyinju/147948/147954/147956/4261054/index.html.

[152] 钟红，彭雅哲 . 美国央行数字货币发展态势 [J]. 中国金融，2021（9）：85-87.

[153] 重磅！央行联合发起多边央行数字货币桥研究项目 [EB/OL]. 央视财经百家号，[2021-02-25].https://baijiahao.baidu.com/s?id=1692650342599136096.

[154] 周小川行长接受《财新周刊》专访 [EB/OL]. 中国人民银行网站，[2016-02-13].http://www.pbc.gov.cn/goutongjiaoliu/113456/113469/3016856/index.html.

[155] 总统亲自带头炒比特币，国库亏损近 2 亿美元 [EB/OL]. 中国大数据产业观察网企鹅号，[2022-06-29].https://new.qq.com/omn/20220629/20220629A06KXF00.html.

[156] 邹松涛 . 浅析数字人民币的本质，特征及影响 [EB/OL]. 参考网，[2021-10-25].https://www.fx361.cc/page/2021/1025/8991119.shtml.

[157] 走出低迷？比特币 5 月以来首次突破 5 万美元大关 [EB/OL]. 新浪财经，[2021-08-24].https://finance.sina.com.cn/blockchain/coin/2021-08-24/doc-ikqciyzm3249514.shtml.

[158] 左妍 . 数字人民币首个医疗场景支付功能在上海同仁医院落地 [EB/

OL].移动支付网，[2021-04-09].https://www.mpaypass.com.cn/news/202104/09093727.html.

[159] ADRIAN T, MANCINI-GRIFFOLI T. The Rise of Digital Money [R/OL]. IMF FinTech Notes, [2019-07-15]:1-4.https://www.imf.org/en/Publications/fintech-notes/Issues/2019/07/12/The-Rise-of-Digital-Money-47097.

[160] AUER R, CORNELLI G, FROST J. Rise of the Central Bank Digital Currencies: Drivers, Approaches and Technologies [Z]. CEPR Discussion Papers 15363, 2020.

[161] BRAINARD L. Private Money and Central Bank Money as Payments Go Digital – An Update on CBDCs [EB/OL], [2022-06-22]. https://www.bis.org/review/r210525a.pdf.

[162] CŒURÉ B. Finance Disrupted [EB/OL]. BIS Innovation Hub speech. Geneva: the 23rd Geneva Conference on the World Economy, [2021-10-07]. https://www.bis.org/speeches/sp211007.htm.

[163] European Banking Authority. EBA Opinion on 4 Virtual Currencies [EB/OL], [2022-06-22]. http://www.eba.europa.eu/documents/10180/657547/EBA-Op-2014-08+Opinion+on+Virtual+Currencies.pdf.

[164] KOSSE A, MATTEI I. Gaining Momentum-Results of the 2021 BIS Survey on Central Bank Digital Currencies [EB/OL], [2022-06-29]. https://www.bis.org/publ/bppdf/bispap125.pdf.

[165] MCLANNAHAN B. Mt. Gox Files for Bankruptcy, Hit with Lawsuit [EB/OL], [2022-05-22]. https://www.reuters.com/article/us-bitcoin-mtgox-bankruptcy/mt-gox-files-for-bankruptcy-hit-with-lawsuit-idUSBREA1R0FX20140228.

[166] NAKAMOTO S. Bitcoin: A Peer-to-Peer Electronic Cash System [Z/OL], [2022-07-21]. https://bitcoin.org/en/bitcoin-paper.